學前融合班

教學策略篇

吳淑美　著

作者簡介

吳淑美

現職

國立新竹師院　特殊教育學系教授

學歷

國立政治大學　心理學學士

美國密蘇里大學　兒童及家庭發展碩士

美國密蘇里大學　統計碩士

美國密蘇里大學　特殊教育哲學博士

經歷

國立新竹師範學院　副教授‧教授

國立新竹師範學院　特教中心主任‧特教系創系主任

竹師實小　學前及國小融合班創辦人

著作

著有《病弱兒之教養》、《融合式課程設計》等書

其餘尚有主編之融合班多層次國語科教材等書及專題研究報告十種

作者序

　　本書乃「學前融合教育系列」中的一本，主要是提供學前融合班中常用的教學策略，這些教學策略都經過實際的實驗，並證明可行。它不只適用於學前階段的特殊班，亦適用於一般的幼稚園或融合式班級。

　　融合教育乃世界趨勢，旨在將特殊幼兒融入普通班級中，因而融合班級是一個別差異很大的班級，為了滿足班上普通及特殊幼兒的需求，在課程、作息、環境、活動安排及教室管理上，都有其技巧，否則會讓融合班中普通及特殊生這兩個族群各自為政，不但無法達到融合，反而造成分離。因而本書翔實地呈現融合班中必備的教學策略，其中並附上筆者為融合班設計的各種教學表格，供讀者參考。

　　這些教學策略主要是運用在竹師實小的學前融合班中，它乃設立於民國七十八年，早期只是一項實驗研究計畫，其中最大的特色是：將普通幼兒及特殊幼兒以二比一之比例融合在一起，一個班有21名幼兒，其中七名為各種障礙類別的特殊幼兒。筆者身為融合班的創辦人，主要的工作就是訓練師資，教導教師如何設計課程。在不斷的摸索及實驗中，融合班已能發展出自己的特色，筆者將這些年來發表的一些文章及平時教導融合班教師的一

些資料整理出來，分成五本教學手冊，從中可看出融合班成長的過程及教學的成果。在目前坊間以教科書為主的情況下，希望這些教學指引能提供現今的學前工作者一個方向。

在此要特別感謝竹師實小融合班，提供了實驗的場所，更感謝融合班的教師，能將筆者設計的教學策略用在實際的教學上，讓筆者有修改及調整教學策略的機會，使這些教學策略不致流於空談。

吳淑美　謹識
於國立新竹師院　特教系
一九九八年六月

目　錄

肆、學前融合班級之教室管理

伍、遊戲治療

陸、活動本位的介入

參考資料

學前融合班級環境的安排及設計

　　學前融合班中有普通幼兒，也有特殊幼兒；特殊幼兒可能是智能不足、肢體障礙、自閉症、聽覺障礙、視覺障礙、學習障礙、身體病弱、語言障礙及情緒障礙等類別。對於某些特殊幼兒，例如視覺障礙的幼兒，安全的考量就特別重要，因而在安排環境及空間設計時，選擇一個適合幼兒學習的環境，又能考量某些特殊幼兒對環境的特別需求，就顯得特別重要。

一、環境安排的原則

　　環境的安排須符合下列原則：

㈠安排時間及空間給予技巧的學習及類化（應用），其中學習及類化指的定義如下：

　1. 學習：通常經由個別或小組教學，由老師主導學習一些新的技巧。

　2. 類化：指的是將所學技巧運用到真實的日常生活情境，透過增進學習動機，將所學的技巧統整，運用到日常的生活經驗中。

因而環境的安排須考量到是否製造了學習及類化的機會，例如：教室有角落的設置，並在角落放置各種類別的玩具或教具，都是提供類化機會的一種方法。

㈡讓所有的孩子都有參與及歸屬的感覺，例如：為每位幼兒準備適合的活動及玩具，並安排放置私人物品的空間。

㈢環境中的教材及教具必須能符合孩子的需要。

㈣提供秩序化的環境，例如：角落的安排，讓每一個區域（角落）有其固定的功能，如精細角放的都是增進幼兒精細動作技巧的玩具，並給

予幼兒選擇不同角落及同一角落中不同玩具的機會。

二、環境應如何設計以符合學習者的需求

　　首先要問的是：應提供給特殊幼兒怎樣的學習環境，它是否和為普通幼兒安排的環境一樣？答案是普通幼兒及特殊幼兒的學習環境應是一樣的，對於一些行動較不方便的幼兒，例如教室有坐輪椅的幼兒時，環境會做一些調整。但基本上普通幼兒及特殊幼兒的差異是在學習的速率上，不須因此而安排普通幼兒及特殊幼兒完全不同的學習環境。至於在環境設計上，應符合下列原則：

　　㈠**合乎孩子的需要**：提供孩子成功及獨立的機會，例如：桌椅的安排高度適中，不但適合孩子間的互動及合作，且每個人有足夠操作教具的空間及足夠的材料，以增進其獨立的機會，減少不必要的挫折。

　　㈡**活動及材料具適當的挑戰性**：太簡單或太難的活動都不適合，應選取具挑戰性、符合幼兒程度的活動及材料。

　　㈢**提供寬敞的空間**：空間的擁擠會造成挫折，且容易干擾彼此的學習。教室如要規劃角落，空間的需求更大。

　　㈣**提供隱密的學習環境**：儘避免過分干擾的學習環境，例如離走道或馬路近的教室，應儘量避免。

　　㈤**提供探索環境的空間及機會**：採用開架式的櫥櫃及書架，可使

孩子自由取閱或取得相關的教
具。

㈥**安排固定的作息**：如此可以讓幼兒對環境產生預期的心理，例如
幼兒每天可以預期什麼時候要吃點心、什麼時
候要去戶外場，如此的環境才能提供幼兒安全
感，及讓幼兒具有控制環境的能力。

三、物理空間的安排

一般而言，理想的空間設計應該要做到開放性、人性化的要求。所謂
開放性空間指的是教室中每一區域視覺分化得很清楚，例如用不同的顏
色、或以地板昇高的方式區隔，以專心工作。每個區域都一目瞭然，便於
班級管理，而不是每個區域都看不到另一個區域。在學前特教班的教室，
應儘量避免使用太高的櫃子做角落或學習區的區隔，以免幼兒在某些區域
工作時，教師看不到區域內幼兒的活動，甚至發生危險時都渾然不知。因
此，欲符合開放空間的原則，空間的安排須注意下列數點：

㈠空間容量適當：可分為有大小團體使用的空間、靜及動態的空間、休
閒、操作等各空間。

㈡安排各種教學型態的空間：一個人、小團體（二～四人）、小組及整
個班級等。

㈢座位安排：讓特殊孩子和普通孩子坐在一起。

㈣分組安排時，須考慮成員的組成能否增進孩子間的社會互動及友誼，

例如兩個過動的孩子不要排在同一組，甚至坐在一起。

㈤座位最好圍成ㄇ字型或其他互動式的座位，如此孩子間較有合作的機會，且易於進行合作教學。

㈥教室中的材料及器材應易於取得，一般而言，開架式的櫃子較易達到物盡其用的功能。

㈦可利用教室以外的地區作爲學習區，例如走廊，以增加學習的管道。

㈧避免有專屬特殊孩子使用的區域。空間上的區隔是爲了教學功能的區分，而不是爲了隔離特殊孩子。

㈨每個孩子應有放置屬於其個人物品的空間，例如工作櫃。

㈩將個別區及靜態活動區放在一起，個別區不應靠近走道或門口，如此孩子較易集中注意力。

㈠固定一個區域，做爲團體活動用。可在地上畫一圓圈，做爲識別。

㈡將常用的材料放在角落。

㈢將櫃子內貯存的物品，用圖片標示出來，以便於歸位用。

㈣安排互動遊戲區，讓幼兒易於移動及互動。

四、環境及空間安排範例介紹

　　以下介紹國外學前特教班教室的平面圖及竹師實小學前融合班教室的空間分配圖各一，可發現二者之教室均有分區，且使用不同形狀的桌子，以達到不同教學型態的教學，例如：小組教學、團體教學等教學型態。

㈠國外學前特教班教室

空間安排如下圖：

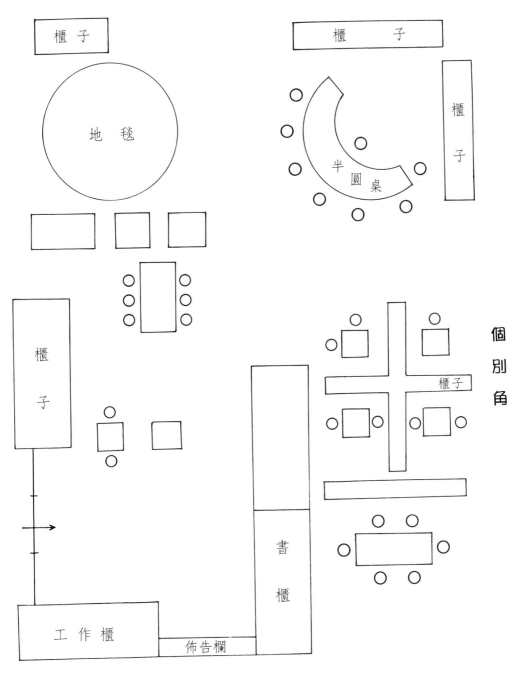

圖一：國外學前特教班教室

(二)竹師實小學前融合班教室

空間設計如下圖：

⦿ 竹師實小學前融合班平面圖

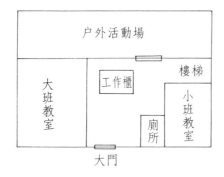

⦿ 戶外活動場簡圖

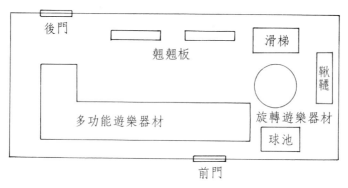

⦿ 教室簡圖

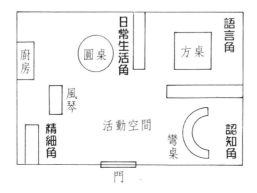

圖二：竹師實小學前融合班教室

作息的安排

一、作息安排的原則

作息是一個班級的結構，它告訴你在每段時間該做些什麼。作息安排得恰當，對教學的品質及老師與學生間的互動，都有莫大的助益。學前融合班作息的安排，須符合以下的原則：

㈠須要有動態及靜態的時間。

㈡須要有大動作及精細動作的時間。

㈢須要有大團體及小組的時間。

㈣須要有室內及戶外的時間。

㈤每一段作息之間應均衡流暢，才不會產生壓迫感。均衡指的是：

　　1.吃完點心或午餐後，應有一段休息時間。

　　2.戶外時間結束後，應有一段靜下來的時間。

　　3.在大團體開始時安排手指謠（finger play）、唱歌或看書，如此孩子較易安定下來。

㈥每天課程結束前，安排一些較特別的活動，例如：唱些喜歡的歌，如此每個孩子可帶著愉快的心情回家。

㈦在每天開始及回家時，應給每個孩子彼此問好及說再見的機會。

㈧每天的作息應固定及有順序，固定的作息可給予孩子安全感。

㈨作息要安排學習新技巧及練習舊技巧的機會。要把過去單元中學習的內容，透過作息再加以複習，例如利用團體時間來複習舊的技巧，把新的概念夾雜在學過的舊觀念中。

㈩活動的安排須顧及各類型活動間的均衡，例如在下列三種類型的活動
　安排：

　　1.老師及孩子主導的活動：作息應有老師安排的活動，也有孩子自我
　　　選擇活動的時段。

　　2.結構及非結構時間：作息中有明確目標的結構時段（例如大團體
　　　），也有非結構的時段（例如自由活動）。

　　3.單獨／與其他同學／與老師的活動：作息中應有孩子獨處，也有與
　　　教師及同儕互動的時段。

㈪作息應安排有大團體、小組及個別的時間。

㈫安排可進行多層次的活動及材料的時段，例如：角落時段安排各種種
　類難易不同的材料，如有不同片數的拼圖；在大團體時段講完故事
　後，提出不同難度的問題。

㈬作息和空間的安排配合，例如小組時段常有作品完成，每個孩子應有
　自己的工作櫃，放置自己的作品及私人物品。特殊孩子除了工作櫃
　外，應有一個盒子放其個別的課程，內有這週為其特別安排的活動，
　活動根據特殊孩子的個別化教育方案（IEP）或個別化家庭服務方案
　（IFSP）來設計，並將其每週的目標貼在佈告欄或適當的角落。

㈭每天的作息安排須顧及學習領域間的均衡，例如：每天的作息均應顧
　及語言、生活自理、認知、情緒及動作等領域，並安排美勞、音樂、
　感官經驗、科學、數學、建構（例如蓋房子）、戲劇及動作等經驗至
　一週的課程中。

㈮作息的安排及課程能夠反映出教學理念，例如當教學理念為主動學習
　及從遊戲中學習時，教室中就可安排玩具的操作，並安排學習區，在
　教學時給予孩子主動參與的機會，而不是被動地傾聽教師的講解。如

果整個理念較重視音樂，每天的作息中就可以安排較多的音樂活動。

二、作息的要素

在學前融合班中，作息大致上可分為大團體、小組、個別等屬於較結構性的時段，及戶外時間、點心、自由活動、角落及收拾等屬於較非結構、較以學生為主導的時段。在竹師實小學前融合班中，則增加了計畫及回憶時間，並以角落時間為中心，三者形成思考、操作及回憶的過程，以加深孩子概念的學習。以下是各個時段的介紹：

㈠角落時間（工作時間）

是遊戲時間，也是孩子互動的最佳時段，孩子可從事教師安排的活動，亦可從事自己喜歡的活動，每個角落可以配合單元主題，亦可不配合。角落活動的特點為：

1. 可記錄每個孩子在角落時間中做了些什麼。

2. 每個孩子有自己的計畫。

3. 每個孩子須把自己玩過的東西清理歸位。

4. 老師可在角落觀察每個孩子做的東西。

5. 老師可和孩子談談他們做的東西，並延伸其想法。

6. 記錄孩子間的互動。

㈡回憶時間

1. 回憶計畫時間和角落時間的內容是否符合。

2. 回憶去了那一個角落（角落名稱）？做了些什麼？或將角落的內

容，用動作（畫、唱）表現出來。

3.展示成果及評估是否可以做得更好。

4.以小組型態呈現。

㈢**大團體時間**

是一天的開始，內容可以每天不同，或是每星期不同，教師可以在此
時段，提供建議及解決問題的方法。建議在此時段：

1.準備充分的活動。

2.可以和學習經驗配合。

3.問問孩子對活動的意見。

4.和角落或小組內容結合。

㈣**過渡時間**

1.介於動與靜的活動中間，或是一個活動到另一個活動的空檔。

2.選一個地方做為活動間的轉接站，例如：吃完點心的小朋友，可以
到圖書角看書。

㈤**收拾時間**

讓孩子在玩完玩具後，知道如何將玩具放回架上，及知道那些玩具要
放回架上。

㈥**點心時間**

是小朋友互動、分享食物、訓練餵食及生活自理的最佳時間。

㈦**計畫時間**

先分組，再進行計畫時間。

1.以小組型態進行。

2.介紹新的材料。

3.介紹在角落可做些什麼。

(八)戶外時間

以大動作活動為主，可以和感覺統合訓練活動結合。

三、竹師實小學前融合班作息介紹

分為早上班（含大班、小班）及下午班三種，大班、小班作息大同小異，下午班作息時間則較短，教學較以特殊幼兒為主。先以早上大班作息為例介紹，下午班則見學前融合教育系列第五冊《融合式學前特教班教學手冊》。

（上午班）大班作息			
時　間	作　息	注　意　事　項	個輔
8:00～8:40	自由活動	觀察社會互動	✓
8:40～9:00	大團體	分享日曆活動、計畫	✓
9:00～9:30	角落時間	角落評量	✓
9:30～10:00	戶外活動	感覺統合	✓
10:00～10:30	點心時間	社會互動及生活自理訓練	
10:30～11:00	小組時間	老師人數最多，小組評量	
11:00～11:30	大團體時間—回憶		✓
11:30～12:30	午餐時間		
備　註	特殊孩子的目標融入教學中		

四、作息表與教室日誌的結合

在教室中，每一段作息都有其特殊的意義，因此，作息表可用來觀察幼兒學習的情形，並做為教室日誌或教學記錄用。如此教師可清楚地記錄下幼兒在學校發生的事及發生的時間。以下是學前融合班各班之教室日誌表，上有每一段作息與記錄重點及事項。

(一)上午班教室日誌表

（上午班）大班教室日誌 ___年___月___日		
時　　間	作　　息	記錄重點及事項
8:00～8:40	自由活動	
8:40～9:00	大團體時間（日曆活動）	
9:00～9:30	計畫時間角落時間	
9:30～10:00	戶外活動	
10:00～10:30	點心時間	
10:30～11:00	小組時間	
11:00～11:30	大團體時間（回憶）	
11:30～12:30	午餐時間	
備　　註		

㈡下午班教室日誌表

下午班教室日誌		＿＿＿年＿＿＿月＿＿＿日
時　間	作　息	記　錄　重　點　及　事　項
2:00～2:15	大　團　體	
2:15～2:35	小組㈠ 認知／語言	
2:35～2:55	小組㈡ 認知／精細	
2:55～3:15	吃　點　心 上　廁　所	
3:15～3:35	戶外遊戲 感覺統合	
3:35～3:55	小組㈢ 遊戲／社會	
3:55～4:10	大　團　體 歌謠教唱	
4:10～4:30	放　學	
備　　註		

(三)全日班教室日誌表

全日班教室日誌		___年 ___月___日
時　間	作　息	記　錄　重　點　及　事　項
8:00～8:40	自由活動	
8:40～9:00	大團體時間 日曆活動	
9:00～9:30	計劃時間 角落活動	
9:30～10:00	小組時間	
10:00～10:30	點心時間	
10:30～11:00	戶外活動	
11:00～11:30	大團體時間 回憶時間	
11:30～12:30	午餐時間	
12:30～2:00	午　休	
2:00～2:15	大團體時間	
2:15～2:35	小組時間(一)	
2:35～2:55	小組時間(二)	
2:55～3:15	點心時間	
3:15～3:35	戶外時間	
3:35～3:55	小組時間(三)	
3:55～4:10	大團體時間 歌謠教唱	
備　　註		

㈣**教學記錄表**

　　亦可作為教室日誌用，教學日誌以一週五天、共兩週為一單位，配合重要作息，記錄幼兒在每一段作息中發生的特別事項，以作為教學參考。下表是一則空白教學記錄表，主要用來記錄幼兒在大團體（戶外及室內）及三個角落的學習情形。

教　學　記　錄　　　　班別：＿＿＿＿

日期 ＼ 教學型態	大團體（戶外）	角落 1	角落 2	角落 3	大團體（室內）	備　註

參

課程設計

一、課程的定義

何謂課程？課程應符合下列條件：

㈠課程的目標應融入所有日常的教學活動中，目標並非是分散地教，而是融入有意義的活動中。

㈡課程的計畫必須根據教師在自然情境中，觀察到的孩子互動而定。

㈢鼓勵孩子間及與成人的互動。

㈣教學活動及材料必須是具體的，且和孩子的生活相關。

㈤符合不同程度的幼兒需要。

㈥可隨著孩子的程度，增加課程的難度。

㈦鼓勵孩子參與，透過提供選擇、建議、問問題及描述，讓孩子願意主動地參與教學活動。

㈧接受孩子間性別及家庭背景的差異，並依此設計課程。

㈨每天應安排戶外活動課程，並事先加以計畫。

二、課程的選擇

在了解什麼是課程後，下一步就是如何選擇合適的課程。國內外均出版過很多課程，但一套完整的課程，除了列有各種發展領域的活動外，尚

須：

㈠列出教學目標，以作為評估進步的指標。

㈡列出適用的對象及教學型態（如適合在大團體教，還是在小組教）。

㈢有理論架構，依據某種學派提出的理念及教學方法。

㈣有完整的教學目標，可以用來評估孩子的起點，兼顧橫向及直向的發展，涵蓋不只一個年齡層（直向），且包含該年齡層應該要學的內容（橫向）。

㈤適用普通及特殊幼兒的需求，符合正常化的原則。

㈥安排跨不同領域的活動，例如一個活動同時包含認知及動作領域的目標。

三、課程設計的原則

在做課程計畫之前，首先要了解你的教育哲學及理念，它會影響到你如何教及如何呈現你的課程。以下是計畫學前特教課程時，常須注意的事項：

㈠課程應著重在增進孩子各項能力的發展，且應包含至少五大領域：認知、語言、動作、生活自理及社會情緒。

㈡課程的安排必須和孩子的生活相關、有意義，並且適合教學的情境，亦即是功能性課程。例如在吃點心時，可以讓孩子數一數：一桌有幾位小朋友。學習必須能引起孩子的動機，才能長久。日常生活中的事物並非依科目或領域呈現，而是需要孩子應用有系統的知識來解決問

題；因此，如何將雜亂無章的訊息，有組織地透過單元來傳遞，並配合實際的情況來教，對幼兒而言是非常重要的。單元或主題的教學有助於孩子的學習，如輔以適當的情境則效果更好，例如端午節的單元，若配合粽子的製作及節令介紹，則更傳神。

㈢課程計畫必須配合孩子的年齡、興趣及能力，教導特殊幼兒時，必須考量其年齡的需求，而不只是以心理年齡為主。

㈣課程設計應符合孩子的需要，教師需具備同時安排不同難度課程的能力，因此活動的安排必須彈性，在同一活動中安排不同難度及種類的學習經驗，以符合小組中不同能力的孩子的需求。

㈤教學內容應儘量完整及正確，雖然孩子年紀尚小，仍應介紹較完整的知識，以使幼兒能充分理解概念。例如：音樂課不只是唱唱童謠，應介紹各種樂器，以使幼兒了解什麼是旋律及音調的特性。同樣地，在安排語文學習時，亦可安排和語文相關的活動，例如童詩、兒歌、兒童文學、閱讀報紙等活動。然而在安排活動時，仍應考量孩子學習的極限，過分難或不適合孩子年齡的活動，仍應避免。

㈥讓孩子主動的學習，並從做中學。新的概念必須透過具體的方式，來讓孩子了解，當孩子充分體驗後，才能進入抽象思考的境界。

㈦安排社會互動課程：提供機會，讓班上的成員有互動的機會。

㈧為了讓孩子有自主及勝任的感覺，課程的難易程度應適中，既要兼顧挑戰性，又要降低孩子的挫折感。

㈨課程須能給孩子心理及生理的安全感。

㈩課程應有彈性，視實視需要作調整。

㈠課程應輔以課程式的評量，因課程式的評量具有下列優點：

　*1.*可用來檢視孩子的進步。

2.反映平時教學的內容。

3.其評量項目按年齡或按一定的順序排列。

4.適合不同種類及程度的殘障兒童。

5.教學項目具功能性及評量性。

6.可信度高。

7.可作為班級的評鑑,以了解就讀的學生是否有進步。

四、課程綱要

　　將學前特教課程強調的五大領域,每個領域所著重的教學內容列出,以了解學前特教課程每個領域所包括的範圍。以下將按各個領域,分別介紹其課程綱要:

(一)認知領域

　　主要以基本概念,例如形狀、顏色、大小等概念及數為主,以增進幼生之思考能力及問題解決能力。

認知領域課程綱要（Ⅰ）

學　習　內　容			教　學　程　序	評量	決定	備註
注意力	傾聽故事	二分鐘	用故事書或以玩偶的方式來說故事			
問題解決	不同技巧					
概　念	身體部位	眼睛 鼻子 嘴巴 手 腳 耳朵 其他	以玩偶或圖片上人物的五官，來說明或指認幼兒的身體，例如問幼兒「眼睛在那裡？」			
	衣服	裙子 襪子 其他	將幼兒的衣服、襪子拿到幼兒面前，示範穿衣服之後，再教其分辨			
	水果		指著水果問：這是什麼？			
	電器		說出常見的電器名稱，指著圖片問：這是什麼？			
	職業類別	這是（醫生） （木匠） （郵差） （老師） （警察）				
	動物	狗 雞 鳥 羊 牛				
	交通工具		用圖片讓幼兒找出船			

認知領域課程綱要（Ⅱ）

學　習　內　容			教　學　程　序	評量	決定	備註
對應	一對一 數與量 實物					
	圖片		相同圖片放在一起			
	關係配對	鉛筆－紙 鞋與襪	相關圖片			
形狀	指認	圖形 三角形 正方形 長方形 梯形 橢圓形				
	配對三角形		用兩片三角形，讓幼兒自己排在一起。			
顏色	指認	紅色 黃色 藍色 綠色 黑色 白色 紫、橙、粉紅	找找看，你的衣服上那裡有紅色？ 或屋子裡的黃色玩具在那裡？			
大小	大 小					
序列 （順序）	大、中、小 時間 顏色 長短	（白、橘、藍） 黑白 （一黑一白） （二黑二白）	從三張圖片中，選出一張有大點子的圖片。 五子棋			
數	唱數 數數 數概 認數 寫數 序數					

認知領域課程綱要（Ⅲ）

學　習　內　容			教　學　程　序	評量	決定	備註
數運算	加法	五以內 十以內 其他				
	減法	五以內 十以內 其他				
	分辨奇偶數 兩個一數 五個一數 分數 其他 倍數 1/2(一半)					
量與實例	大小 長短 高矮 胖瘦 冷熱 軟硬 輕重 多少 快慢		指出兩種物品中，那一種較大？			
專注力	聽故事 （長的二分鐘）		用故事書或以偶的方式來說故事			
時間	昨天、今天、明天 小時 分 一年 月 日 兌換 時鐘 現在 未來 過去 日、月曆					

認知領域課程綱要（Ⅳ）

學　習　內　容			教　學　程　序	評量	決定	備註
錢　幣	辨認 配對 分類 兌換 買賣	一元、五元、十元				
空　間	上下 前後 左右 裡外 旁邊 東 西 南 北		以老師與幼兒為對象，用手及屋子為教材，指出屋子的裡外。			
分　類	一種標準 兩種標準	顏色 形狀 大小、長短 數量 類別 大小及顏色 形狀及顏色				
記　憶 推　理	內容 視覺記憶 位置 不合理處		從三件物品中發現少了什麼			
表　徵						
物體恒存						
因　果						
創造力						

㈡**聽能訓練領域**：較適用於聽障幼兒的教學，以增進其聽知覺能力為
　　　　　　　主。

聽能訓練領域課程綱要（Ⅰ）

學　習　內　容		教　學　程　序	評量	決定	備註
1.聲音的察覺	樂器 交通工具 動物聲 教室聲音 家裡物品聲音　鬧鐘 自然聲 人聲				
2.聲音的分辨	樂器				
	交通工具　火車、飛機				
	動物				
	人聲　爸爸、媽媽				
	自然聲　刮風、下雨 　　　　打雷、流水 　　　　海浪				
	教室				
	家裡　走路、跑步				
3.分辨聲音的方向	一公尺前方 一公尺後方 二公尺前方 二公尺後方	(1)找到時給予增強物 (2)叫名字時能回應			
4.分辨聲音的長短		用長短線代表音之長短			

聽能訓練領域課程綱要（Ⅱ）

學　習　內　容			教　學　程　序	評量	決定	備註
5.分辨音之快慢			以鼓聲之快慢，來移動洋娃娃			
6.分辨音之高低			音高時，指著五線譜的底部 音低時，指著五線譜的上部			
7.概念	水果 顏色 形狀 數字	○　△　□	從圖片中找出指定的物品時，表具有該概念			
	電話號碼 方位 動作 食物 衣物 文具用品 交通工具	上、下、左右、前、後 牛奶 襪子、帽子 剪刀、鉛筆 汽車				
	傢俱 動物 昆蟲 生物 教室設備	電視 黑板				
	數字 形容詞 花 飲食用具 職業 盥洗用具	玫瑰花				

(三)大動作領域

大動作領域課程綱要

學　習　內　容		教　學　程　序	評量	決定	備註
基本動作	頭 滾翻 坐 爬 站 走 跑 跳 平衡				
複雜動作	呼拉圈活動 單槓活動 游泳 球類活動 騎車 節奏律動				

㈣精細動作領域

精細動作領域課程綱要（Ⅰ）

學習內容			教學程序	評量	決定	備註
翻書	一頁一頁		讓幼兒去圖書角看書			
抓拿（大拇指、食指）	用麵包夾夾彈珠 用湯匙拿彈珠 用三指拿彈珠					
堆疊	積木	堆高 排長	海綿積木 排火車			
插放	按大小插放	插洞	圓柱體			
穿串	串串珠		珠子與繩子			
扣	彩色扣 大扣子	扣一排 三個	彩色扣子教具 衣服扣子操作			
腕力	包糖果 上發條 倒水 轉開、轉合 舀水	瓶蓋				
敲打	琴					
畫	線 基本圖形 臉（身體部位）					
著色	線內 隨意					
捏	黏土造型					
撕	隨意撕 直線 曲線		在紙上畫好線，請幼生隨著線條撕。			

精細動作領域課程綱要（Ⅱ）

學 習 內 容			教 學 程 序	評量	決定	備註
剪	隨意剪 直線 曲線 基本形狀		在紙上畫好線段或設計圖形，請幼生跟著線條剪，如房子。			
摺	對摺 紙飛機 衣服		摺衛生紙、色紙 摺紙遊戲			
貼	形狀配對 隨意					
編結						
縫釘	衣服		紙衣服、髮夾、毛線			
使用工具	削鉛筆機 剪刀 鑰鎖 湯匙					
寫	把點連成圓 把點連成線 把點排成一排		作業單 作業單 一格一點			
握筆			加強拇、食、中三指活動，如用三指抓拿東西。示範並糾正握彩色筆的姿勢。			

※教學程序請註明直接教學（採工作分析）或引導法。

㈤**語言領域**：分爲語言準備及語文兩個領域。

語言準備領域課程綱要

學　習　内　容			教　學　程　序	評量	決定	備註
遵從指示						
模　仿	動作模仿	摸肚子				
	動物叫聲					
	節奏					

語文領域課程綱要

學　習　內　容		教　學　程　序	評量	決定	備註
圖之理解					
用圖來 表示					
圖與實物 配對					
圖與字 配對					
認　字		用閃示卡或故事書重覆出 現句子或兒歌裡的字。			

㈥生活自理領域

生活自理領域課程綱要

學 習 內 容		教 學 程 序	評量	決定	備註
吃	使用湯匙 吃固體食物 使用筷子 使用刀叉 用餐：餐前處理（排桌子） 　　　習慣與禮儀 　　　餐後處理				
喝	用杯子 用吸管 倒水 使用飲水機				
穿	鞋子				
脫	鞋子				
扣子	扣上 解開				
摺	衣服				
掛	衣服				
如廁	意願表示 廁前準備 如廁 便後處理 廁所辨識				
清洗與 衛生	洗手 洗臉 擦鼻涕 刷牙 洗澡 洗頭 梳理頭髮 修指甲 其他				

㈦**空白表格**：除了上述課程綱要外，教師亦可視教學內容調整課程綱
要。

＿＿＿＿＿**領域課程綱要**

學 習 內 容			教 學 程 序	評量	決定	備註

※教學程序請註明直接教學（採工作分析）或引導法。

※本表格用來記錄特殊幼兒上課的內容，並將學習後之結果記錄下來，以作為下學期
IEP 之參考。

學前融合班級之教室管理

　　一個三歲的唐氏症男孩如果能在融合式的學前班就讀，和同年齡的普通幼兒玩在一塊，且能享受特殊教育的服務時，那將是相當理想的安置。然而在實施上，仍有一些困難尚待克服。

　　首先讓我們先了解融合式教育的定義，所謂融合式教育指的是：爲了達到教育的目的，把特殊幼兒安置在普通班級，和普通幼兒一起上課。

　　在教育特殊幼兒的眾多課程模式中，讓普通幼兒和特殊幼兒融合在同一個普通班，是相當重要的一種學習方式，亦即學前融合班成爲學前教育的一種選擇。目前在美國學前特教機構提供的特殊教育安置模式，計有下列數種：

1. 特殊孩子和普通孩子完全融合並處在普通的學前教育環境中，且安排特殊孩子在教室中接受一些特教的服務，減少抽出教育的時間。

2. 特殊孩子和普通孩子混合在一起，而特殊孩子必須到別處接受治療（例如：資源教室或治療室）。

3. 特殊孩子安置在特殊教育環境中，亦即教室都是爲特殊孩子設計，普通孩子則被安排和特殊孩子在一起。

4. 特殊孩子安置在特殊班，只有某些活動才和普通孩子混在一起上課。

5. 特殊孩子安置在特殊教育環境中，設備和普通孩子的一樣。

　　在這五種方式之中，又以第一種最爲符合融合式教育的精神，而目前我國國小特殊班回歸主流採用的方式，主要是第四種。第三種方式則稱爲反融合。

　　由於在融合式教育的情境中，老師必須面對程度參差不齊的學生來設計教學，因此，如何調整傳統的教學方法，以因應特殊孩子及普通孩子的需要，將是使融合式教育成功的一大要素。特別是老師必須學會把團體教

學及個別化教學結合在一起，亦即在團體教學中達到個別化教學的目的。在以往，特殊教育比較強調一對一教學；近年來，很多學者開始懷疑一對一教學情境的有效性，尤其是對一些嚴重殘障的孩子，長期實施一對一教學，成效並不大。一對一教學比較不利之處在於：無法引起幼兒自發性的技巧，和同儕產生互動亦不可能。比較好的方式是：應用小組或團體的方式，來實施個別化教學的目標，如此方可達到社會互動的目的，而教學的品質亦不因此而降低，融合式教育的真諦即在於此。

教室管理可分為：心理管理、物理管理、教學管理、時間管理、程序管理、行為管理及人事管理等七個部分（如下表），以下是教室管理每部分包含的因素：

教室管理的要素

心理管理	物理管理	教學管理	時間管理
學生因素	教室安排	作　息	工作環境
老師因素	進出方便性	過渡時間	行政分工
同儕因素	座　位	分　組	教學應用
家庭因素	特殊器材	課程設計	人力應用
		教材／作業	

程序管理	行為管理	人事管理
教室規則	增進適應行為	助　手
教室程序	降低不適應行為	教　師
全校規則	類化及維持行為	義工及來訪者
	發展自我管理	

在上述七個要素中，心理管理主要是和人有關，即班級中的成員；物理管理和環境空間安排有關，曾在前面章節中提及；至於時間管理和行政運作有關，會在融合教育系列「理念篇」中提及；程序管理主要是班級規則的訂定，和行為管理相輔相成；人事管理主要則是人力的招募。這些部分將不另闢章節介紹，本章主要討論和教學策略最密切相關的教學管理、行為管理及師資管理。

一、教學管理

從上表可看出和教學最相關的教學管理包含了：作息、過渡時間、分組、課程設計、教材及作業等因素，以下將就作息、教學型態、課程及教學等要項，加以討論。

㈠作息管理

在討論如何做好作息管理前，先以融合式學前班的作息表為例，再來探討如何讓作息發揮效用。融合式學前班的作息表如下：

學前融合班作息表

8:00～8:30	8:30～8:40	8:40～8:55	8:55～9:25	9:25～9:35
自由活動	收拾整理	大團體時間	工作時間計畫時間（角落時間）	收拾整理（訓練孩子分類整理的能力）
9:35～10:05	10:05～10:30	10:30～10:50	10:50～11:15	11:15～11:30
小組時間	點心時間（生活自理訓練）	戶外活動（感覺統合訓練）	大團體時間	準備放學

　　從作息表中，可看出融合式學前班在上午時作息的安排，是自八點四十分開始課程。作息分成大團體時間、角落學習時間、戶外學習時間、點心時間及小組時間。

　　大團體時間是普通孩子和特殊孩子一起學習；小組時間將所有孩子分組後（每組都有普通孩子和特殊孩子），再根據每一小組幼兒的特色，由老師設計課程，以符合每個孩子的需求；角落學習則是由小朋友自由選擇。點心時間可配合生活自理訓練，孩子們可以交談及學習生活自理技巧；戶外時間的安排，除了到戶外場玩之外，亦可做一些感覺統合的訓練。

　　作息和教學領域應結合，下述的作息流程表即呈現了教學領域（認知、語言、動作、生活自理及社會）、教學型態（大團體、小組、角落、個別）及作息結合的例子。

作 息 流 程 表

```
              ┌─────────────────┐
              │   一天之開始    │
              │  （自由活動）   │
              └────────┬────────┘
         ┌─────────────┴──────────────┐
         ▼                            ▼
  ┌──────────────┐          ┌─────────────────┐
  │  日期、天氣  │          │    計畫時間      │
  └──────┬───────┘          │ （計畫今天的活動）│
         │                  └────────┬────────┘
         └──────────────┬────────────┘
                        ▼
```

學習角落（一天開放三個角落）：每個角落一個老師，另有一位老師負責個別輔導							
語言	動　作		認　知			藝　術 （音樂、美勞）	日常生活角 （裝扮角）	個別角
	大動作	精細動作	數學	科學	概念			

```
  ┌────────┐  ┌──────────┐   ┌──────────┐   ┌────────┐  ┌──────────┐
  │ 大團體 │  │ 體能課   │   │ 小組教學 │   │ 美　勞 │  │ 奧福音樂 │
  │        │  │ 戶外教學 │   │          │   │        │  │          │
  └────────┘  └────┬─────┘   └──────────┘   └────────┘  └──────────┘
                   ▼
              ┌──────────┐
              │ 點心時間 │
              └────┬─────┘
                   ▼
          ┌─────────────────────┐
          │     一天之結束      │
          │ （討論今天上課的內容）│
          └─────────────────────┘
```

□教學型態

　　融合式的班級，班上有特殊孩子、也有普通孩子，特殊孩子的類別又非同一類時，整個環境可說是一異質性頗大的環境，因而整個教學環境的安排必須是多功能的，既能兼顧所有孩子的需要，亦能增進普通孩子和特殊孩子間的互動；因此，課程的安排必須相當的彈性，可以隨時安排其他的輔助課程。此外，父母親的參與及其他輔助的設施，亦是必要的。

　　整個班的教學型態可以分為個別教學、小組教學、團體教學、角落教學及戶外教學等五類。在一般幼稚園的教學裡，並沒有個別化教學的安排，然而在融合的環境中，我們可以融合特殊教育中的技巧，把個別化教學的目標放在學前班教學中，儘量在小組教學、角落教學或團體教學中表

現出來,如此既可兼顧個別化教學的目標,亦可使特殊孩子和普通孩子接受一般學前課程中的大團體活動(例如:唱遊、團體遊戲、說故事等)。

　　在這種型態的學習環境下,整個教室的教學都是經過特殊設計的,例如學習角落(learning center)的安排,可以配合領域來設計。在大動作的學習角落中,有球池、斜坡、大型的積木,可以幫助孩子做大動作的訓練;在語言角中,有圖書、圖片、字卡,可訓練孩子的語言能力。而在益智角中,主要以增進孩子的認知能力為主;感覺動作區主要以增進孩子的手眼協調、精細動作為主,教具包括蒙特梭里感官教具及其他需要用到手眼協調的教具。在日常生活角中,主要是訓練孩子處理日常生活的能力,擺設以小床、傢俱、掛衣架、廚房設備、電話等為主,雖然不是真的東西,但可訓練孩子的想像力,做一些扮演遊戲,並學習家居生活必備的技巧。因此,學習角落的設置,將可幫助孩子有系統地學習發展領域中必備的技巧。

　　小組教學則是一種比較結構性的學習,學習內容包括:認知、語言、動作、概念和社會技巧及其他學習經驗。在小組教學時,由於學前階段孩子間的個別差異較小,課程彈性較大,特殊孩子和普通孩子可放在同一組,但在執行小組教學時,仍須使用不同層次的材料及內容,以達到因材施教的目的。

　　除小組教學及團體教學之外,仍可視孩子的需要,安排一對一教學。在一對一教學情境中,通常由專業人員負責,例如語言治療師或職能治療師為孩子做特殊的治療,如果沒有專業人員,可由受過特教訓練的老師充當。一對一教學的安排,主要是彌補團體教學之不足,也是和孩子建立關係的方法。如果孩子不適合一對一教學,亦可安排同儕教學或其他型態的教學。

　　班上除了固定的老師外，另外一位老師將隨時進入教室為特殊孩子做個別輔導或評量，或是在團體教學時，協助特殊孩子參與活動，甚至把學校教的東西教給父母，以協助父母在家繼續輔導特殊孩子。在融合班的教室中，均有個別角的設立，老師可在教室中做個別輔導，因而特殊孩子的個別化教學目標，都可融入普通的教學情境之中，使離開教室的時間無形中減到最低。

　　為了兼顧各種領域的教學，教學宜採靈活方式進行，個別輔導可以在治療室中進行，亦可直接在教室中進行，全視目標而定，例如：感覺統合的訓練需要較大的空間及特殊的儀器時，到動作訓練室較佳，而語言矯治訓練在教室或治療室均可。此外，各個領域的教學都可透過各種教學型態來執行，例如語言訓練，可透過下述途徑達成：

語言訓練的途徑

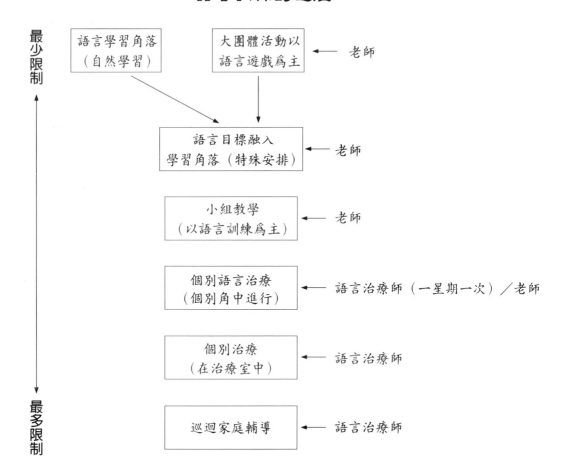

㈢教學流程

在融合班中，特殊幼兒的教學並不是分離的，而是融入一般的教學程序中，並將其教學目標融入教學活動中，當特殊幼兒進入教室時，就開始了教學的程序。為了儘量讓教學的內容符合特殊幼兒的需要，教學流程如下：

1. 先經由期初評量，以了解幼生之起點：

評量分為期初及期末，期初之評量主要是了解孩子的起點，以作為

教學的參考。較常採用發展量表，透過評量可以得到孩子在各個領域發展的情形，以找出孩子發展的階段。期末之評量則是經過整學期教學或訓練後，評量幼生學生的情形，以了解教學是否有效。

2. 擬定個別化教育方案（IEP）或個別化家庭服務方案（IFSP）：

經由課程評量（評量內容和教學內容相關），找出幼兒能力的長處與短處，從幼兒尚未完全具備的能力開始，以此設定教學的目標，並將其列入個別化教育方案中。

3. 安排教學：採活動本位的介入。

計畫每天／每週要進行的活動，活動中欲達到的目標儘量和IEP／IFSP中擬好的目標結合。當目標融入教學活動時，教學活動就可符合特殊幼兒的需求。教學應儘量採取活動式教學，因其可同時達到不同領域、不同難度的目標，是一種相當常用且有效的教學方法。

4. 學習評量：

教學和評量是不可分離的，透過評量，才能了解教學是否有效，亦是調整教學的依據。評量可分為每日、期中、及期末數種。其目的為記錄幼兒學習的情形，以了解教學是否達到幼兒的需求，並根據評量的結果，調整教學的內容。一般常用的學習評量表格（兩種）如下，兩種大同小異，第二種的教學內容可細分為階段及步驟，可作為工作分析用。

學前融合班學習評量表（範例）

幼生姓名：＿＿＿＿＿＿＿＿

領域／科目：＿＿＿＿＿＿＿＿　　　記錄者：＿＿＿＿＿＿＿　　日　期：＿＿年＿＿月

項目	教學內容	學　習　結　果								特殊行為
		4/6								
唱數	1-10	ˇ								
	11-20	△								
認數	認數 2	ˇ								
	認數 3	ˇ								
	認數 4	ˇ								
	認數 5	ˇ								
	認數 6	△								
	認數 7	△								
	認數 8	△								
	認數 9	△								
	認數 10	×								
寫數	寫 1-4	△								
數概	數一堆物品:3個	△								
	數到 2	ˇ								
	數到 3	△								
	數到 4	×								
數與量對應	1-5	△								
	1-10	×								

※評量標準：×：完全不會　△：協助　ˇ：完全會

學前融合班學習評量表

幼生姓名：＿＿＿＿＿＿＿

領域／科目：＿＿＿＿＿＿＿　　記錄者：＿＿＿＿＿＿＿　　日　期：＿＿年＿＿月

項目	教學內容	學　習　結　果											備　註

※評量標準：×：完全不會　　△：協助　　ˇ：完全會

學 習 評 量 表

姓名：_____　評量者：_____

標準：_____

Ｖ：正確做到
×：不能做到
△：再努力

目　標	階段	步驟	評			量			備註

㈣教學策略

學前階段教學的重點，以發展問題解決能力及學業的準備度為主。由於各個學派及課程模式重點不同，教學策略孰優孰劣，各有其特色，教學者宜深入探討各種策略，了解其可行性後再採用。

一般而言，在學前階段無論是特殊幼兒或是普通幼兒，都需要提供多重感官的環境，以提供探索的機會。對於一些情緒較不穩定、過動或被動的幼兒，因其無法控制自己的行為，亟須安排一結構性的環境，來啓發孩子，以利孩子間的互動及語言間的交換。在課程的安排上，除了須符合孩子的能力外，還須著重課程間的銜接及組織。一些以認知取向為主的課程模式，著重孩子與環境的互動，並提供孩子發展認知能力的學習經驗，以主動學習、問題解決為主要教學目標，它對於融合班的普通幼兒及特殊幼兒而言，都是一種非常理想的學習方式。

至於在教學策略上，不管採用何種學派，都應強調：

1. 系統化的教學，採找出起點後再教、教完再評量，視評量結果調整教學的程序。

2. 教學的順序及連續性，可透過下列方式達成：

　—作息的安排：將教學內容分攤在各個時段中，例如點心時間強調生活自理的訓練

　—計畫教學：按孩子發展之階段，設計合乎其能力的教學，例如數的教學，在 3 歲時強調操作，4 歲時強調對應，5 歲時強調簡單的數概，並同時採不同難度的教學。

3. 多層次教學，有兩種模式：

　—用不同的教具：例如以不同的時鐘（數字鐘、碼錶、鬧鐘），來達到相同的目標。

—用同樣的教具：例如數棒（教具名稱，每根長短不同，分成數格）可以用來教數數、加法、顏色、長短等不同的概念。

4.個別化教學：為特殊幼兒擬定個別化教育方案，根據擬定的目標設定教學內容，是確保滿足特殊幼兒需求的不二法門。

㈤調整教學

當一個課程計畫出來時，老師的工作是使教學計畫符合教學對象的需要，因此老師可能須調整教學目標的要求，讓教學目標有多種層次（涵蓋多種領域及難易程度），或是改編教學材料本身，甚至視需要給予協助，或是增加其他的內容，並和其他的活動銜接，以使幼生能參與。老師可能會為了一個孩子調整整個教學的內容或是做部分調整，教完後還要評估孩子的進步。透過調整，可增進孩子的學習及促進普通及特殊兒童間的融合。

至於如何獲知課程須調整，則可經由下列方式：

1.直接觀察學生課堂上的學習，如未參與，即可判斷課程須調整。

2.滿意程度：透過與家長面談，以了解家長對學生學習的滿意度。

3.技巧的使用：觀察學生在處理問題或操作物品等情境時，是否能運用合宜的技巧。

4.孩子的表現：例如從幼生的學習表現、作業單、美勞成品中，了解孩子的學習是否循序漸進。

至於課程調整合宜與否，是否符合幼生的需求，其指標為：

1.特殊幼兒經課程調整後，能獲得及使用重要的或具功能性的技巧。

2.在校上課能參與課程，參與指的是減少不專心的行為，並對課程內容有反應，例如能依指示操作或回答。

3.父母對教學及幼兒的學習，覺得滿意。

一般而言，課程調整的原則有以下幾點：

1.並非所有幼兒同樣的時間都需要做同樣的事。

2.對特殊幼兒而言，參與的程度及參與的方式不同，是合宜的。

3.學校的課程及活動，應視幼兒的需要調整，因為特殊幼兒的學習成功與否，依賴就學環境中能否提供符合其需要的教學目標。

調整教學的重要性不容置疑，調整教學應如何達成及應從那些方面來調整，則須在教學前仔細規劃，成為教學計畫的一環。以下將就調整教學的方向做討論：

1.教學目標的調整：特殊幼兒的教學目標通常和普通幼兒在質與量上有不同，因此，當特殊幼兒和普通幼兒一起學習時，如何調整特殊幼兒的目標、選取合適的目標，就成了調整教學首先要做的項目。透過目標的調整，特殊幼兒才能參與學習。一般而言，教學目標的調整可透過四種途徑：

⑴工作分析

在調整教學時，最常使用的技巧為工作分析，透過工作分析，把複雜的技巧分成小的步驟，這些小的步驟可以在日常作息中教，亦可以利用小組、個別或大團體的時段教。這些小步驟的達成，可以讓孩子達到個別化教育計畫的目標。工作分析範例如下：

①剪　（簡→難）

A.打開特殊剪刀

B.打開剪刀

C.用夾子夾五樣大件物品

D.用夾子夾五樣小件物品

E.沿著紙的邊緣剪 3 吋的紙條

F.剪 3 吋長、$\frac{1}{4}$ 吋寬的直線

G.剪 3 吋長、$\frac{1}{4}$ 吋寬的曲線

H.剪圓

②認數

A.數數到 20

B.數 10 樣物品

C.做數字 1～10 配對

D.指認數字 1～10

E.說出數字 1～5

F.說出數字 1～10

③方向（在……下）

A.在示範下，把自己藏入盒子裡面

B.在要求下，讓自己躲在桌子的下面

C.在要求下，把物品放在上面、下面、裡面

D.在要求下，指出放在上面的物品

E.在要求下，指出上面的物品圖片

F.當給予兩種選擇的情況下，能說出物品的位置

G.當給予聲音的提示時，能說出物品的位置

H.在要求下，說出物品的位置

④畫正方形

A.畫直線

B.畫橫線

　　　C.畫十字

　　　D.完成正方形未完成的一邊

　　　E.完成正方形未完成的二邊

　　　F.完成正方形未完成的三邊

　　　G.畫正方形

　⑤畫形狀

　　　A.抓著手畫

　　　B.給他正方形板，照著邊描

　　　C.給他正方形描

　　　D.給他虛線描

　　　E.給他四個點，要他連成正方形

　　　F.給他看畫好的正方形

　　　G.給予口頭的指示，就要他畫出正方形

　⑥玩玩具

　　　A.操作玩具中可分開的部分

　　　B.拆開玩具

　　　C.組合玩具

　　　D.正確地玩單一玩具

　　　E.正確地玩兩種玩具組合，例如：積木和卡車

　　　F.當給予二～三種玩具時，能做選擇

　　　G.參與自己想做的工作達五分鐘

⑵改編教室內的教材或教具

　　一般而言，一件玩具或材料在使用之前須先分析：①孩子須先具備那些必備的技巧；②玩具及材料具備的功能及達成的目標；③

材料的優缺點；④可以如何改編以符合特殊幼兒的需要。班上有特殊幼兒和普通幼兒一起學習時，並不需要準備很多特殊的材料，大多數的材料都可適用普通及特殊幼兒，教師需具備的是巧思及巧手，將現有的材料改編以符合特殊幼兒的需要。事實上在教學時，幾乎不可能每個人學習的方式及速度都一樣，因此欲成為一名教師，必須具備改編教材的能力；當孩子程度好時，材料要難些、多些，當孩子程度差時，就要準備簡單一些的材料。教學時，若孩子的程度差異很大，具備的材料就要多樣化，給予孩子較多的選擇。

以下兩個例子，告訴我們如何將材料改編：

①拼圖

　　A.老師完成部分拼圖，讓孩子完成其他部分

　　B.拼圖上有把手

　　C.拼圖下有圖形，讓孩子可以將每一片拼圖用相同圖形配對

②穿珠

　　A.用管子代替線

　　B.用大點的珠子

　　C.老師先完成部分，學生再完成其他部分

此外，在教學呈現材料時，應注意下列幾點：

①告訴孩子如何正確地使用材料及活動的玩法。

②告訴孩子材料及活動應注意的事項及規則，例如材料用完後要如何收拾。

③讓材料容易取得及收拾。

④讓材料有秩序地呈現，例如將材料一束束地綁好。

⑤可以隨時改變主要的材料,例如將珠子換成洞大點的環。

⑥提供不同程度需要的材料。

⑦教學時限制材料的種類及數量,不須讓每位幼兒使用所有的材料。

⑧提供可以再製的材料,如吸管或線。

⑨在需要時,完全改變材料,以符合特殊孩子的需求。

⑶改變活動的難度

透過遊戲的方式或具體的方式,降低活動的難度,例如講故事時,用圖片呈現或放大圖片。

⑷提供協助

教學時,提供特殊幼兒口頭或動作的協助,以增進特殊幼兒的參與。

透過工作分析、教材教具的改編、改編活動的難度及提供協助等方式,讓特殊幼兒的需求在融合班可以被顧及時,融合班的教學品質才能提升。

2. 多層次教學(multi-level teaching):指的是在活動中,包含同一領域中不同難度的目標。當不同程度的學生放在同一組學習,每個學生的學習目標不同時,教師就要使用多層次教學的技巧,讓教學可同時達到不同難度的教學目標,由於這些目標可能都是屬於同一教學領域,但卻是不同的難度,因而稱之為多層次教學。當一組中學生之人數愈多時,或是學生間個別差異愈大時,學生的學習目標就愈多樣化;反之,當學生間程度一樣時,老師設定的教學目標就只須集中在某一區,而不會有顧此失彼的現象。當教學須符合不同程度學生的需求時,教學就更須做到多層次教學的需求。例如上數

學課的內容是加法，而有些學生無法學習加法時，教師如只設定加
法的教學目標，無法學習加法的學生就無法參與學習。這時教師就
必須使用多層次教學的技巧，找出其他學生在數學這個領域的學習
目標，這些學習目標可能是低於加法這個層次的目標，例如數與量
的配對、數數、或是唱數。多層次教學必須將同一領域中不同層次
的目標，融合在一個教學活動中，教師可使用同一套教具，亦可使
用不同的教具，來達到不同的學習目標。多層次教學可應用在各種
異質性高的團體及不同的教學領域或科目上，它是實施因材施教的
不二法門，它和工作分析有些類似，但拉的面較廣，且工作分析中
包含的技巧較少，只有一種技巧。由於多層次教學可涵蓋同一領域
中的不同技巧，較符合不同程度孩子的需要。

以下將呈現多層次教學的例子：

(1)活動名稱：摺一摺

　　層次：①摺紙（隨意摺）

　　　　　②摺成一半

　　　　　③摺成三角形

　　　　　④摺紙飛機

(2)活動名稱：紙拖鞋

　　層次：①剪一剪

　　　　　②彩繪紙拖鞋

(3)活動名稱：插洞遊戲

　　層次：①插洞板

　　　　　②套圈圈

　　　　　③戴帽子

　　　　④打洞遊戲

　(4)活動名稱：走一走

　　　層次：①走直線

　　　　　　②走平衡木

　　　　　　③倒著走

3.重疊課程：活動中包含不同領域的目標，當同一組中孩子個別差異大到無法同時傳遞同一領域的技巧時，則需應用重疊的目標，將別的領域中的目標放入，例如上數學課「錢幣兌換」時，特殊學生的目標是幫忙貼物品標籤，如此每個人都有事做，也達到參與的目的。通常在融合式班級的教學情境中，會將社會性、溝通及動作的目標放在各種領域的教學中，例如：在認知領域的教學活動中，特殊幼兒的目標可能無法做到認知目標，但可做到分享、輪流等社會性目標，這些目標常會不斷地在各種領域的教學中出現，且不單適合普通學生，亦適合特殊學生，因而稱之為重疊的目標，這些重疊的目標亦成為特殊幼兒的功能性目標。

　　至於融合班教學應如何運用重疊課程的概念，將特殊兒童的目標融入教學活動中，則可參考下列的小組活動，在這三十分的小組教學中，教師除了執行教學外，還要記錄教學中達到了那些經驗，並評量目標達到的情形。從下表可看出教學的內容為花環製作，更可從評量中了解活動達到了那些領域的教學目標，及其是否符合所有孩子的需求。

小組教學活動設計　　　　　領域：精細動作

主題	美麗的花環
目的	聽及說
材料	線、壁報紙做的花、吸管、鈴鐺、有孔的珠子
作法	1.先問小朋友：是否知道花環或項鍊是什麼？有沒有看過？以及在什麼地方看過？ 2.將事先做好之花環取出給小朋友看，讓他們說出要怎麼去做花環。 3.指導小朋友自己做花環，每人拿一條線，利用已做好的花或葉子，穿過上面的洞，再加上洞大小不同之吸管、鈴鐺或珠子。 4.完成後戴上自己的成品，大家一起欣賞。

評 量	目　　　標	幼生姓名						
		1	2	3	4	⑤	⑥	⑦
	（聽及說） 1.和他人談及自己的經驗。							
	(1)能說出花環的形狀。	✓	×	✓	✓	×	×	×
	(2)說出花環是用什麼東西做的。	✓	×	✓	✓	×	×	×
	2.描述人、事、物及各種想法。							
	(1)能說出老師做好的花環，是由什麼東西組成的。	✓	✓	✓	✓	×	×	✓
	(2)能指出老師做好的花環，是由那些東西組成的。（特）					✓	✓	
	（時間及空間） 3.把一些東西重新組合，並觀察組合後在空間中所呈現之不同。							
	(1)能將紙花穿過去。	✓	✓	✓	✓	✓	✓	✓
	(2)能將吸管穿過去。	✓	✓	✓	✓	✓	✓	✓
	(3)能將珠子穿過去。	✓	✓	✓	✓	✓	✓	✓
	(4)能將鈴鐺穿過去。	✓	✓	✓	✓	×	✓	✓
	4.照顧自己的需要。							
	(1)能自行完成作品。	✓	✓	✓	✓	✓	✓	✓
	(2)能向老師表達自己的需要。	✓	✓	✓	✓	✓	✓	✓
	5.討論及分享自己及他人的呈現方式。							
	(1)能說出自己花環的特徵。	✓	✓	×	✓	×	✓	✓
	(2)能說出自己和別人的花環有何不同。	✓	✓	×	✓	×	✓	✓

備註	1.可視孩子的需要，穿不同數目的花環。 2.速度較快的小朋友，另給材料，讓他們自己設計花環上的飾品，再做一個，可送給老師或媽媽。 3.程度較好的幼兒，可以照著老師做好的花環做。 4.⑤⑥⑦號三位為特殊幼兒，其他四名為普通幼兒。

上述的活動除了可達到精細動作領域的目標外，亦可達到溝通（例如表達）及社會領域（分享）的目標，有些目標如「指出」及「說出」，就是不同層次的目標。

若有孩子在評量表上的記錄完全打「×」，老師就要修正並設計符合他的課程，例如：孩子不認得字，可以圖卡代替，再不行以手勢、肢體語言代替，總之儘量符合孩子的能力。在設定目標時，應分出層次，有些目標適合特殊幼兒，有些則符合普通幼兒。實施教學時，教學目標要具體可行，顧及小組中每個幼兒的需要，若特殊幼兒達到的目標太少或完全無法參與時，教師就要調整材料、教學活動的流程及作業單。

特殊教育和幼稚教育最大的不同點是在：特教強調教育目標之擬定及評量（且評量要每天做），有些目標不適合特殊幼兒時，則要重新修改調整，基本上每一個活動均要做到能引導兒童主動學習，而非由教師直接講述。

二、行為管理

行為管理在融合式班級尤其重要，它指的是發展適應的行為，降低不適應的行為，進而做到自我主動的管理。在做行為管理時，對每個孩子的管教態度應一致，不能因為是特殊孩子就給予特殊的待遇，例如：打人的行為是班上不允許的，特殊孩子由於語言表達能力較差，不懂得如何與人溝通，常會出現攻擊行為，老師除了矯正其行為外，更應讓每個孩子知道打人的行為是不對的，打人後老師一定會公平處理。當一個班級有好幾位

老師，每個人的管教尺度不一時，容易造成班級秩序的混淆，孩子甚至不知該聽誰的，在這種情況下，老師們必須先一起共同來訂定班級的規則，並且將這些規則讓孩子知道，甚至讓家長知道，而後大家共同來執行並遵守。

(一) 為何孩子無法參與學習？

孩子的行為也是一種溝通的方式，當孩子無法參與學校生活時，會從他們的行為中顯現出來，大人的責任是觀察行為，並且了解行為背後可能發生的原因。當孩子無法參與活動時，可能有下列原因：

1. 孩子不了解遊戲的規則：例如當他們不知如何玩玩具時，他們必須先學會如何玩，才能參與。

2. 孩子需要得到較多的關注：當他們得不到注意時，就會用其他的方式來引起你的注意。

3. 孩子可能覺得挫折：有些活動對孩子可能太難，因而孩子無法參與學習。

4. 孩子可能覺得無聊：當活動太簡單或不適合孩子時，孩子可能提不起興趣。

5. 孩子失去主控權：當活動完全由大人主導時，孩子可能失去選擇的機會，因此而失去興趣。

6. 孩子可能有生理的問題：例如生病、饑餓、口渴等問題，都會讓孩子失去參與活動的興趣。

7. 孩子不了解大人或同伴使用的語言：在和孩子一起玩時，要觀察孩子的理解程度，如果孩子聽不懂大人的話，應儘量減少太多的術語。

8.教室管理規則尚未建立：當班級管理未做好時，教學就容易產生干擾，干擾愈多時，表示學生參與的機會愈少，為了讓學生參與教學，班級管理一定要做好。

(二)行為分析

當問題行為出現時，應先做行為的分析，方法如下：

1. 平時多加觀察，記錄行為發生的次數，格式如幼兒行為記錄表。

2. 找出不適應行為的前因後果，記錄表如前後事件分析記錄表。找出不適應行為（如打人）後，可根據行為前項及行為本身設定行為矯正目標，格式如行為矯治表，例如目標為別人不小心碰到他時，能不用打人的方式回應（如行為矯治表範例），以進行行為改變的計畫。

(三)行為管理原則

1. 管理須一致，不分特殊及普通幼兒。平時在處理幼兒的問題行為時，不妨將處理情形記錄下來，以了解處理時是否有缺失或是有不一致的情形，行為處理記錄詳見問題行為處理表範例及空白表格。

2. 須和作息及環境安排配合：問題行為或意外事件的產生，亦和作息時間及環境安排有關，例如過分擁擠的環境易造成意外事件，因而教師須將意外事件發生的時間、地點都記錄下來，以了解事件發生的原因，並做好補救措施。平時教師在填寫教室日誌時，應將行為直接記錄在教室日誌上，教室日誌乃按作息時間排列，藉以了解行為和作息間的關連。至於當意外事件影響到學生的安全時，除了記

錄在教室日誌上，更應塡好意外事件處理表，防患於未然。意外事件處理記錄詳見範例及空白表格。

3. 找出行爲背後的原因，而不是去壓制行爲的發生，例如打人的目的爲溝通時，應教其溝通的技巧，自然可減少打人的行爲。總之，找出行爲背後的原因，是非常重要的。矯治行爲應從建立孩子正向的行爲及教導如何與別人互動開始。

幼兒行為記錄表

班別：　　　　　　幼生姓名：　　　　　　記錄行為：

時間／日期								備註
自由活動	8:00 ｜ 8:15							
	8:15 ｜ 8:30							
	8:30 ｜ 8:45							
日曆	8:45 ｜ 9:00							
大團體	9:00 ｜ 9:15							
	9:15 ｜ 9:30							
角落活動	9:30 ｜ 9:45							
	9:45 ｜ 10:00							
點心時間	10:00 ｜ 10:15							
	10:15 ｜ 10:30							
戶外活動	10:30 ｜ 10:45							
	10:45 ｜ 11:00							
小組時間	11:00 ｜ 11:15							
	11:15 ｜ 11:30							
午餐時間	11:30 ｜ 11:45							
	11:45 ｜ 12:00							

＊發生次數以 " 一、丁、下、正、正 "，作為登記代號。

前後事件分析記錄表

記錄者：

學生姓名	問題行為	日期	時間/地點	行為前事件	表現行為	行為後事件	老師處理
甲生	打人	86.6.3	大團體時間	同學乙不小心撞了他	打人	跑掉	算了
甲生	打人	86.6.4	戶外場	排隊時碰到他	打人	小朋友告狀	罰站道歉

※結論：1.觸覺防禦過當。
　　　　2.行為處理不一致。

行為矯治表（範例）

孩子姓名：＿＿＿＿＿＿＿

活動區：＿＿＿＿＿＿＿＿＿＿＿　　　記 錄 者：＿＿＿＿＿＿＿

時　間	行為前項	行　　為	正確	錯誤	協助	無反應
86.6.5	當別人碰到他時	能告訴老師				

行為矯治表

孩子姓名：＿＿＿＿＿＿＿

活動區：＿＿＿＿＿＿＿＿＿＿＿＿

記 錄 者：＿＿＿＿＿＿＿

時　間	行為前項	行　　為	正確	錯誤	協助	無反應

問題行為處理表（範例）

日期：82.5.6	發生時間：上午 9:10～9:25 （音樂課）	幼生姓名：王生

事件描述：

　　△王生一下地下室即四處跑，定不下心，老師叫喚要其坐下後才坐下，拿雞蛋沙
　　　鈴搖兩下後，敲旁邊小朋友的頭，小朋友拿木魚給王生，王生扔向老師，打到
　　　老師的腳。

處理情形：

　　□剝奪強化物＿＿＿＿＿＿＿＿＿＿

　　☑罰站　　　五分鐘　　（時間）拿 ⊙ 墊子給王生站，並告知原因，
　　　　　　　　　　　　　　　　　　　但王生偶會坐下或玩墊子。

　　□剝奪權利＿＿＿＿＿＿＿＿

　　□其他：＿＿＿＿＿＿＿＿

結果及建議：

　　△站在墊內時會看小朋友上課，老師詢問是否可好好上課，答「好」之後，會坐
　　　好，但仍東看西瞧，須老師提醒才會拿鈴鼓搖兩下。

　　△似乎對音樂課不感興趣，或是時間太長無法專注，須再做觀察。

　　　　　　　　　　　　　　　　　　老師簽名：羅 老 師

問題行為處理表

日期：	發生時間：	幼生姓名：

事件描述：

處理情形：

☐剝奪強化物＿＿＿＿＿＿＿＿＿＿＿

☐罰站＿＿＿＿＿＿＿（時間）

☐剝奪權利＿＿＿＿＿＿＿

☐其他：＿＿＿＿＿＿＿＿

結果及建議：

老師簽名：＿＿＿＿＿＿＿＿

意外事件處理表（範例）

日期：85.4.8㈠	發生時間：A.M.10:05～10:40	幼生姓名：張生

事件描述：

　　10:05 小朋友就座準備吃點心時，扶張生到餵食椅坐，即發生右眼下臉頰部位抖動約二～三秒後停止，考慮是否餵食，觀察約五分鐘無異狀即餵食（小蛋糕、養樂多），餵兩口蛋糕後，給予吸管吸養樂多，但張生只咬吸管不吸，想改用湯匙餵時，又發現臉頰同個部位抖動抽搐，約五秒後，整個臉除額頭外，均嚴重抽搐，雙眼閉、嘴張大，且臉色白、青交錯，由青、紫到紫、黑色，全身鬆垮，隨即扶其躺於地上，上半身稍微坐起，並拍其心臟，約三十秒後臉色逐漸回復青色，雙眼往上吊，之後才順過氣（但喘氣聲大）。通知張生的父母找不到人，找外公（緊急聯絡人）亦無消息，只好到處留話，在決定立即送醫時，母親來電要十五分鐘後才能趕到，但在等的當中發現張生的臉色極差，臉亦泛青，立即送醫。

處理情形：

　　□通知家長並緊急送醫（省立醫院）

結果及建議：

　　△醫生告之此生的心理狀況（會由局部抽搐逐漸到全身），老師無能力處理，唯一的辦法即是送醫，故告知家長若有同樣情況發生，老師們只能先叫救護車緊急送醫，再請家長探訪，並請教有類似經驗的家長，以便讓大家知道如何應變。
　　△請示主任最佳的處理方式，若有萬一該如何面對。

老師簽名：＿＿＿＿＿＿

意外事件處理表

日期：	發生時間：	幼生姓名：

事件描述：

處理情形：

結果及建議：

老師簽名：＿＿＿＿＿＿＿

三、師資管理

　　在一個異質性較高的教室中，如何把課程有系統地呈現出來，並且符合孩子的需要，全賴教師能否有效地控制教室的情境及做好班級的管理。在學前階段各類的特殊孩子都安置在一起時，教學著重在協助孩子展現各方面的發展，教學主要以生活自理、社會、語言、認知、和動作五個領域為主，這些領域亦是普通孩子應該加強的部分。在找出特殊孩子的共同基本需要之後，老師就需把整個教室按學習領域來佈置，如此教學活動就可按照教學目標來進行。特殊孩子的教學目標可以貼在教室的佈告欄中，或是按領域直接貼在合適的學習角落。教學目標能融入日常教學情境中，不但可增加孩子類化的機會，亦可讓普通孩子和特殊孩子間的距離拉近。

　　當一個班級有一個以上的老師時，老師間的分工與協調，就顯得格外的重要。在融合班裡，有受過學前教育訓練的老師和特殊教育訓練的老師，二者必須一起工作，並且能把現有的課程及活動加以調整，以因應特殊孩子個別化教學的需要。換言之，班上所有的老師都應參與課程的計畫及實施，而不是分成兩個部分，由一些老師完全負責普通孩子的課程設計，另一些老師負責特殊孩子的課程設計和教學。在融合式教學的教室中，課程必須經過統整，特殊孩子的課程要融入普通課程之中，每位老師的地位亦是平等的。每位老師不但要能帶個別教學、小組教學，亦要能帶團體教學，雖然不是每位老師都受過特教專業訓練，但可由受過特殊專業訓練的老師帶領其他老師，學習觀察孩子的需要，擬定教學目標，設計教

學活動。

　　特殊孩子和普通孩子一起上課，老師的比例較高時，固然較易照顧到所有的孩子，然而老師多並不能保證班級帶得好，受過學前教育訓練的老師並未具備特殊教育的專門知識，而受過特殊教育訓練的老師未受過一般學前教育的訓練，亦即不知如何帶活動、教唱兒歌。因而在融合式教育的教室中，老師必須重新接受在職訓練，學習內容包括：⑴兒童發展的理論；⑵擬定個別化教育方案；⑶設計功能性課程；⑷學習如何把語言訓練或其他治療性課程安排到日常作息活動中，使之成為孩子生活的一部分；⑸安排技巧類化的機會，亦即先行列出那些技能是一學期要教的，再安排設計活動內容。有些教學活動可以達到很多目標，而有些活動只能達到一種目標，全賴老師取捨，因此老師必須先計畫教學內容，以節省教學時間；⑹教學技巧的運用：在課程內容訂定之後，必須學習一些教室管理技巧，例如如何使用強化物，以及在教學活動進行中，如何有效地達到教學目標；⑺隨機教學：例如在教語言時，老師必須隨時觀察孩子如何與人溝通，是主動還是被動，是用口語表達抑或是手勢，並且提供孩子模仿的機會，在孩子有所反應時，馬上給予回饋，並且充分提供孩子說話的機會。隨機教學的技巧亦可用在教其他的技巧上；⑻做評量及填寫評量表及其他記錄。

　　在融合式教育的教室中，要達到個別化教學的目標，老師絕對需要有充分的準備及訓練，甚至要比一般幼稚園老師及特殊班老師更具專業性，因此在融合式教育教室中任教的老師所具備的條件將不同於其他類別的特教老師，而須另設一個類別，才能勝任如此繁複及挑戰性頗高的工作。

　　從教學管理、行為管理到師資管理，可看出融合式班級的教室管理是很複雜的，它主要包含了老師、學生、其他行政人員與這些人之間的互動。融合式班級的學生、老師都包含了普通及特殊兩個部分，因而其教學管理絕對比一個特殊班或幼兒班來得複雜，然而融合式教育已是世界潮流，不可因融合式班級難度高就不做，期許融合式學前班在台灣愈來愈普遍。

遊戲治療

遊戲是孩子的工作；治療如以遊戲的方式進行，將可以收事半功倍之效。對特殊幼兒而言，遊戲是一種最自然的學習方式，在設計遊戲課程前，首先要評估及了解孩子在遊戲行為的起點，為了讓幼兒不會對評估過程心存畏懼，評估的情境及過程也是以遊戲的方式來進行，評估的重點包括：語言、社會、動作及認知等領域。

一、跨領域遊戲技巧評估

跨領域遊戲技巧評估和傳統的評量方式最大的不同是：採用遊戲的方式，來觀察孩子的發展。設計一個遊戲的情境，由不同專業領域的人士，如語言治療師、物理治療師、及遊戲治療師，來觀察個案的發展，是目前美國較新的評量方式，適用於普通及特殊幼兒。

一般而言，遊戲評估分為六個階段，詳見下表：

跨領域遊戲評估模式

第一階段	非結構性的互動		20～25 分
第二階段	結構性的互動		10～15 分
第三階段	孩子之間的互動		5～10 分
第四階段	親子互動		
	A.非結構性的		5 分
	B.分離		5 分
	C.結構性的		5 分
第五階段	動作遊戲		10～20 分
	A.非結構性的		5～10 分
	B.結構性的		5～10 分
第六階段	點心時間		5～10 分
		總計	60～90 分

至於每個階段如何進行，細述如下：

第一階段：非結構性的互動

　　遊戲評估進行的第一階段是非結構性遊戲階段，在這階段，持續 20～25 分是由孩子帶領，觀察者追隨孩子，模仿他們的行為或發聲，參與他們的交談。在遊戲過程中，須用孩子覺得最舒適的互動方式，在可能的情況下，可嘗試設計稍高一點層次的技巧，來進入孩子的層次。

　　孩子可依自己的興趣自由地在各區域內移動，在這期間，觀察者須密切注意孩子的肢體語言、興趣、學習方式及互動的行為。觀察者也須注意那些行為和技巧是孩子自動自發的，那些行為是孩子模仿而來的，有時亦可「教導」孩子，運用肢體協助或口頭增強來達到預期效果，但在這階段應儘量避免使用直接教導的方式，以命令方式教導會對孩子的互動產生負面的影響。觀察者用追隨孩子的方式，較易建立彼此的信賴關係，因為當

互動變成以命令進行時，會迅速破壞互動關係，在這階段，命令的方式只能在孩子極需提醒學習、想從事活動又做不到或孩子主動尋求幫助時，才可使用。

第二階段：結構性的互動

活動進行的第二階段較有組織，在這階段中，孩子將從事上一階段中未觀察到的認知和語言活動，孩子需要進行空間性的遊戲，像拼圖或畫畫、因果反應的遊戲（包括了解事物發生的因果關係）、較高層次之問題解決技巧及學前或其他增進認知發展的技巧。在這階段中，觀察者可以選擇遊戲項目，要求活動如何進行並發問。但這階段仍需儘量保持由孩子引發遊戲的原則，而且要使活動變成有趣的遊戲。這階段時間長短不一，依照孩子的年齡和注意力來決定（稚齡或行動困難的孩子維持五～十分鐘，願參與活動的孩子維持十～十五分鐘），對較年長的孩子，亦可在一小工作台或區域進行，任何區域都可使用。

第三階段：孩子之間的互動

到第三階段，孩子回到非結構性的情境，這次是和另一位孩子共處於遊戲情境中，一位熟悉、稍長、沒有殘障的同性孩子在場較佳。這階段的主要目的是比較兩個孩子的互動。

觀察孩子之間互動時間的長短，視孩子發展而定，例如：如果在第一階段孩子已能主動參與象徵性遊戲，在第一階段結束時，就可介紹新孩子加入。扮演遊戲可以激發社會互動和語言交談；積木區則可以引導聯合或合作遊戲之進行，特別是汽車、洋娃娃和其他象徵性玩具也混合其中時。觀察者在第一階段和孩子互動後，將更能掌握何時何地把同儕介紹進來。

　　孩子之間的互動，不僅可使觀察者觀察到遊戲互動和社會互動，也可觀察到認知、語言和動作的發展。我們可以看到孩子對另一孩子和對成人的不同反應，而這些差異是需要注意的。

　　此時觀察者仍需跟隨孩子的引導，但如果兩個孩子之間沒有產生互動的話，觀察者則須嘗試引發並加強其互動，可以利用介紹玩具玩法，來引發互動，例如介紹電話、球、車子如何玩，以增進互動。孩子之間互動階段須持續五～十分，同儕在這階段後，如果對其他的玩具區域有興趣或這兩個孩子根本沒有互動，仍可允許他們留在房間玩；如果其他孩子阻礙了評估，則必須把他或她帶離這房間，同儕可以在活動結束後的點心時間回來，以便觀察進一步的互動。

第四階段：親子互動

　　第四階段加入父母，父母須和他們的孩子一起玩耍（如果父母兩個都在場的話，須個別和孩子玩耍），他們需要重複在家常做的遊戲活動，父親或母親各觀察五分鐘，在這期間也需觀察親子互動的模式、孩子的其他互動技巧和行為，雖然這階段很短，但孩子通常以在家所表現的方式做親子互動，可以詢問父母是否孩子的行為和互動跟在家裡的相同。互動模式、父母的語言層次、解決問題的方式和其他發展指標，會因和父母在一起或和觀察者而有所不同，例如和父母在一起時，孩子可能較富口語表達能力、使用較多字彙和用較高層次的語法，可藉此機會獲得更具代表性的語言樣本。

　　觀察親子互動的目的主要是想獲得更多關於孩子的資料，希望透過親子互動，發覺到親子互動困難的指標，這將是有用的資料，但不要用來形成診斷的結論，在個別化教育方案建議達成以前，進一步的評估仍是需要

的。

　　在親子遊戲時間結束後，父母親必須離開，並且告訴孩子他／她將要離開幾分鐘後再回來，然後必須觀察孩子在分離期間的行為，並注意孩子在父母不在的情緒反應和其情緒發展層次的其他指標。同樣地，父母回來後，再記錄孩子的反應，接著父母要和孩子進行一更具結構性的活動，這項活動必須是孩子有點陌生且具挑戰性的，然後再觀察孩子對父母的反應，這次要在時間比較緊迫的情況下進行，記錄父母用來「教導」或「幫助」孩子的方法。孩子的反應與其他情緒、認知、語言和動作表現、親子互動模式，在這部分變得更明顯。

第五階段：動作遊戲

　　第五階段包含了一項十～二十分鐘的動作遊戲，第一部分是非結構性的，由觀察者隨著不同種類的器材，鼓勵或引發動作遊戲，這一階段的自由遊戲經過幾分鐘後，觀察者需帶領孩子嘗試那些未被注意的活動，物理治療師如果這時候不是觀察者，就可以參與孩子的活動，以便清楚觀察孩子的肌肉、平衡等表現，職能或物理治療師是否加入，取決於孩子對新加入成人的反應，最重要的是觀察者對此次評估的熟悉度和其他治療者能否觀察到孩子所需要的資料而定。如資料不夠，治療師應另外找時間單獨來觀察孩子。

第六階段：點心時間

　　評估的最後階段是點心時間，被評估的孩子可以和先前進來的孩子玩在一起，在點心期間仍可觀察到其他的技巧，如社會互動、生活自理技巧、適應性行為和口語表達。在觀察孩子吃完點心後，語言和物理治療師

可以決定是否需要做進一步的語言評估，觀察時可能要選擇需要孩子運用嘴巴和舌頭咀嚼的點心。

結語

上述討論的每一階段都可記錄孩子的技巧和行為，此模式亦發展出觀察指引（表）（Linder, 1990），有助於觀察者組織這些觀察資料。這些指引提供了認知、社會／情緒、語言／溝通、和知覺動作發展這四個主要領域觀察的架構，可引導記錄者組織其觀察內容。

根據觀察指引做出的發展摘要及相關的決定，詳見下述認知發展摘要表。

認知發展摘要表

姓名：王生　　　　年齡：二歲四個月　　　　日期：85.10

觀察類別	長　處	評量	決　定
遊戲類別	合乎年齡 使用探索、關聯、 建構及扮演遊戲	＋	進到較高層次，使用 更多的玩具
注意力	一對一時不錯	＋	需在同儕情境時 增加注意力廣度
早期物體 使用	使用不同的基模	＋	增進精細的技巧
象徵性遊戲	針對自己和媽媽	＋	繼續鼓勵與同儕互動
動作模仿	模仿所有類別	＋	增進輪流的技巧
問題解決	固執	＋	鼓勵

上表提供了學前兒童跨領域評估的基本進行模式，這個模式是有彈性

的，這個模式可依年齡和小孩的需要做修改。

二、特殊幼兒的遊戲治療

雖然特殊幼兒的遊戲技巧層次可能無法和普通孩子相提並論，但如果要增進孩子的認知、社會及溝通能力，遊戲是無法替代的。直接訓練對某些領域，例如生活自理，可能有效，然而在其他領域，例如認知、語言及情緒等領域，遊戲技巧卻是最自然的學習方式，最容易深入孩子的生活，且可培育多種技巧。而所有須學習的項目都可以用遊戲的方式來呈現，只須隨著教學的目標做調整即可。

一般而言，針對特殊孩子所做的遊戲治療，主要以增進特殊孩子的功能及行爲控制爲主。一共可分爲四種模式：

1.非結構性材料＋非結構性遊戲治療。

2.非結構性材料＋結構性遊戲治療。

3.結構性材料＋非結構性遊戲治療。

4.結構性材料＋結構性遊戲治療。

其重點採感覺動作遊戲（Sensory-motor play）的方式進行，在正式治療前先做評估，以了解幼生的起點行爲。對象適用於普通孩子及各類特殊孩子。其設備爲一間大的遊戲室，爲了訓練孩子做決定，可以把空間分隔成不同的區域，例如積木區、扮演區等。方式多以小組方式進行，把有共同問題的孩子放在一起或不同問題的孩子放在一起，亦可把特殊孩子和普

通孩子放在一起。

　　大多數的特殊孩子在遊戲的發展層次上較低，且傾向於單獨遊戲或平行遊戲，但只要孩子進入遊戲，進步就很快。

　　遊戲治療的過程必須根據個案的發展需要來做修正。一個發展較不健全的治療計畫，組織不嚴謹，而且沒有確定的方法或程序，就是缺乏結構。結構指的是治療時所要求的形式和次序，當兒童在治療期間表現得愈是遲緩，治療者的指導遊戲和指導次數就愈多。

　㈠**基本程序**

　　1.讓孩子做一些事（即使沒有什麼事也是「一些事」）。

　　2.治療者介入，詢問孩子在做什麼。

　　3.如果孩子用任何方式（如語言、聲音、姿勢等等）回答，治療者就允許這個行為的持續，並提供活動名稱描述，如「你正在堆積木」或「你在發出聲音」（然後治療者模仿這個聲音或動作）。

　　4.如果孩子無法用任何方式回答，治療者就介入，停止活動並解釋為什麼活動不能繼續，直到孩子產生某種反應為止。

　　治療者的主要責任是不要導入太多的新刺激，即使這些刺激就社會標準來說是正面的，仍須避免增加孩子的困惑。兒童必須能夠適當地和他們自己的家人，或在他們生活的社會環境中產生互動。治療者必須認識及了解孩子所屬的團體及其影響力，而且必須避免破壞孩子的社會生態。不必視遊戲治療為一須長期高度參與的程序；反之，它應該是一個比較短期、直接的程序。

　　兒童主要是靠彼此間學習，所以同儕團體治療比一對一來得好，最好不超過四人，且至少有一位較年長或成熟的同儕。

治療者必須經常注意的不是孩子自己如何玩，而是有其他兒童時，他或她如何玩。保持孩子在他或她自己的同儕中，以及他或她自己的團體中生存的能力，是一個成功的遊戲治療計畫之責任，所以當治療者介入一個和孩子不一致的行為規範，即使這樣能修正某些有別於在家裡所見的行為，最後對孩子仍是有害的。

另一方面，如果孩子不能和同儕產生互動，且相較於同儕而有不同或特別的行為模式，或被同儕和更優越的團體分子拒絕，那麼孩子更應該放在團體治療裡。

除此之外，治療者要知道何種遊戲經驗是必須的（如和同伴一起），以便安排特殊兒童和「普通」兒童一起玩，使學習的效果得以達成。

現在這種治療模式已經在美國普遍設立，且發展成一個跨專業領域的訓練計畫。它的好處是：每個人能夠把他們的個人技能帶到與孩子有關的目標上，例如護士、社會工作者、語言治療師或兒童發展專家，都能透過他們先前的訓練，增加遊戲治療的知識。

改善服務傳遞的另一方法，是教導家長如何鼓勵某些行為，讓孩子能在家裡，從適應不良的行為進展到適應良好的程序。

此外，家長可以學到一種藉由增強某些行為和介入、或處罰，而改變行為的技巧。家長介入遊戲治療的另一好處是：能在家庭情境中創造遊戲治療之可能性，有系統地教導孩子如何玩，而且指示他／她應該玩什麼東西，以及在什麼形式下玩。治療者不希望父母進來說：「好，現在和你的車子玩」，以限制孩子的創造性，而是說道：「這是一輛車子」、「它有四個輪子」、「輪子四處走」，「你就照著這個方式和它玩」，孩子也許會、也許不會在那時和它玩，那麼父母應該允許孩子選擇，讓孩子至少可以了解和一輛車子玩的含意是什麼，這種教導方式經常是一般父母所缺乏

的。人們總以為每個人都知道如何和一輛車子玩，孩子不會在父母談論車子時和車子玩，只因為兒童不見得會在他們的父母告訴他們去做的時候做事；通常他們會稍後再回來和車子玩，當這件事變成是他們自己的決定時，那麼遊戲治療就向前推展了。這時他們在做一些他們的父母要他們做的事，父母示範要如何做，以及周圍的其他孩子如何做等等的這些感覺，都可增加他們成功的經驗，並開始累積自信和自我概念。在遊戲治療裡，父母自己不用當治療者，就能非常明確地扮演一個提供協助的角色。

　　一個有價值且適合所有殘障兒童的遊戲介入，就是用跨專業領域或團隊的方法。殘障兒童須經常定期和各種專家，例如：物理和語言治療師、社會工作者、特殊教育老師、以及醫學專家接觸。經由這些人的加入，可幫助遊戲治療者為個案設定相關目標，並為遊戲室選擇適當的教材和活動。這些專家也能給予遊戲治療者介入的建議，和它轉移到其他環境的回饋。孩子亦可達到和父母分開、在治療裡學習主動或抑制衝動等不適應行為，並類化到遊戲室以外的地方。遊戲治療者也可提供方法，來改善個案和其他跨團隊人員間互動的行為。

□設備和材料

　1.設備：遊戲治療活動最好在設備完善、寬廣的房間中進行，以一個
　　典型的學前班教室最佳。為促進孩子做選擇的能力，房間的
　　擺設需包括幾個孩子最常使用的角落，例如：扮演區，有車
　　和建築物的街道（街景）區、沙／水遊戲區；精細動作區，
　　有拼圖和自動操作的區域；及大動作區域，有溜滑梯等體能
　　設備。可能的話，運用單面鏡來讓很多人進行觀察；如果單
　　面鏡不易獲得，觀察者可靜靜坐在教室一角，一旦孩子融入
　　遊戲情境中，他／她就會漸漸遺忘觀察者的存在。為了多了

解孩子的興趣和互動，觀察者亦可加入額外相關的觀察。

如果無法獲得教室的設備，遊戲治療活動依然可在家中或任何可擺設輕便材料的房間裡進行，但空間須夠大來安置玩具和材料，這樣才能鼓勵孩子從許多活動中做選擇。

2.材料：用來做評估過程的角落，必須擁有各式各樣的玩具設備。扮演區域需要很多形形色色的操作玩具，如桌椅、洗碗槽、爐子、冰箱、娃娃床，和一些能把熟悉活動改編的玩具或眞實的東西，如碗盤、鍋子、電話、毯子、枕頭等等的供應，也很重要。另外，鞋帽、外套、洋裝、披肩、手套等衣飾，更是扮演遊戲的理想刺激物。其他佈景，如佈置一間商店，這些佈景和道具必須是小孩子非常熟悉的（熟悉物可使孩子表現出他們自然的行爲）。新穎或陌生的情境和物體也可放入，以促使他們表現解決問題的行爲。

扮演遊戲是由孩子主導，與道具及人在角落中活動。扮演玩具可使較年長的孩子或在遊戲發展較高層次且展現較複雜遊戲技巧的孩子，表現其象徵遊戲的能力。當與精細動作區域結合時，這些玩具可以和一些磚塊、鍋子或其他組合性材料拼裝，而成爲牆、橋樑或其他道具。另外，扮演區域也需有轎車、貨車、玩具釘鎚、鋸子和其他可促進聯合或象徵遊戲的玩具。

藝術角需要有各種不同的媒介，讓孩子展現其操作技巧、象徵性思考能力及假想遊戲。鉛筆、蠟筆、圖片、泥土、紙張、剪刀是最常見的器材，但其他媒介物如美工刀、黏土或其他材料，也很合適。如果想觀察觸覺反應，就需使用特別的材料，沙水區在觀察互動遊戲和遊戲發展層次上，也很有用。角落可裝滿具因果效應的玩具，如漏斗、煙囪、水輪、擠

壓玩具，或具較高層次之表徵性玩具，如電話、以及讓孩子在沙堆中造路或帶洋娃娃在水中乘船。

有操作性玩具的操作角，則可觀察到其他區域中看不到的特殊技巧。拼圖、紙張、蠟筆、釘板、玻璃珠，因果反應玩具像收銀機、顏色大小分類器，都可用來評估不同的技巧。這個區域可同時觀察到還沒有機會看到的活動。

大動作區域可放置階梯、搖板、溜滑梯、各式球類、斜坡、桶子、平衡木、三輪車。大動作區可和寬敞的學前教室結合，或自成一區。戶外遊戲區則是大動作區的另一選擇。

三、融合式班級之遊戲團體

遊戲是孩子的工作，不管對特殊幼兒或普通幼兒而言，遊戲都是孩子最自主，亦是最容易學習的方式。然而對於身心障礙的幼兒，遊戲技巧的習得，則必須透過訓練的過程，無法自主的產生。在孩子學會遊戲技巧或是玩玩具的技巧後，就可藉此與其他幼兒產生互動，亦即可增進其社會技巧。因此，在特殊幼兒課程中，遊戲技巧訓練是非常重要的一環。

遊戲技巧訓練尤其適合統合（integration）或融合（inclusion）的班級，因為統合或融合的最主要目的是讓特殊幼兒在普通班與普通幼兒互動時，能達到社會統合（social-integration）的目標。社會統合指的是特殊幼兒和普通幼兒打成一片，不因殘障而被拒絕，讓特殊幼兒和同齡的普通幼兒一起互動，一起玩。亦即透過遊戲的方式，來達成社會統合的目的。

　　達到社會統合目的的活動，通稱為社會統合活動（social-integration activities），這些活動主要是教導幼兒功能性的使用玩具（例如車子是用來滑的，而不是拿來吃的），進而模仿同儕的玩法，以達到彼此互動。在遊戲的層次上，除了功能性遊戲外，更希望經由社會統合活動，提昇到更高層次的遊戲，如扮演遊戲的層次。

　　由於特殊幼兒的遊戲技巧差，為了增進其遊戲技巧，在融合式班級常將普通幼兒與特殊幼兒組成一個遊戲團體，並為其設計社會統合活動，如此不但可製造普通與特殊幼兒間的社會互動，更能讓普通幼兒扮演「遊戲帶領者」的角色，將自己的技巧傳遞給特殊幼兒，而特殊幼兒也能在遊戲的情境中，自然學得遊戲及社會技巧。在活動安排上，社會統合活動不但要兼顧遊戲技巧差的特殊幼兒，亦要兼顧程度好的普通幼兒。

㈠**遊戲團體的成員：**

　　安排四～六個普通幼兒及特殊幼兒組成小型之遊戲團體（例如兩個普通幼兒及兩個特殊幼兒），以增進特殊幼兒之遊戲及社會技巧，這種由普通及特殊幼兒組成之小型遊戲團體，稱為異質性遊戲團體。

　　至於普通幼兒選擇的考量為：

　1.年紀較大或社會性較佳的同伴。

　2.同樣性別。

　3.有良好的人際關係。

　4.缺席次數少。

　5.能聽指令。

　6.具有適合於其年齡的語言及遊戲技巧。

　7.父母同意。

特殊幼兒選擇的考量為缺乏遊戲及社會技巧者，且無法透過一般小組

教學或團體教學增進其遊戲及社會技巧者。原則上,遊戲團體的成員爲具有不同發展層次的孩子,如此才能產生不同的角色互動。

(二)**選擇合適的遊戲材料,以增進遊戲團體成員之互動。**

遊戲材料應:

1. 以能增進社會互動,並減少單獨遊戲的材料爲主。

2. 足夠一個階段有一至二種遊戲活動。

3. 允許操作。

4. 能促進社會扮演遊戲。

5. 能提供多人玩的玩具。

6. 夠分給其他孩子玩或是有一部分可以給其他孩子玩。

(三)**安排一固定的遊戲環境:**

活動以結構式、老師主導爲主。由老師利用角落,或於自由時間在教室的一個小角落,設定一遊戲區,並事先安排好材料,最好每天安排一～二個活動,每個活動持續五～七分鐘。

(四)**活動進行的模式:**

分兩個階段,第一階段孩子未分組,第二階段可以分成兩組,著重在孩子間的合作及分工上(例如一人拿材料,另一人幫忙排桌椅)。活動進行的方式爲:

1. 老師向孩子問好,並介紹及描述活動主題。

2. 示範或提供遊戲、玩法,然後讓孩子自己玩。

3. 老師在活動中建議孩子擔任的角色,例如扮演老闆的角色。

4. 老師會安排孩子的座位,讓特殊孩子坐在普通孩子旁邊,並由程度較好的孩子帶領程度差的孩子。

5. 孩子參與這個活動五～七分鐘(假如孩子欲罷不能,可以玩久一

點）。

6.在需要時，老師可提供口頭的指示。

7.活動結束時，要孩子收拾玩具。

8.當孩子們玩得很好時，老師可以先行離開，如果有需要，亦可以再進入，以確定孩子進行的活動是否和原來主題符合，如不符合，則可重新示範或安排其他的活動。

㈤**活動的內容：**

社會統合活動著重遊戲及社會技巧兩方面，活動種類繁多，每天都可以安排固定時間，先著重遊戲技巧，再著重社會技巧。先從和玩具的互動，進展到與同儕的互動。

至於遊戲的種類，可分成四種：

1.功能性遊戲：需要肌肉重複性的動作（例如倒、填充、爬和溜等動作），可以手中拿玩具或是手中沒有拿玩具。

2.建構性遊戲：包括手指的操作，或是暫時或永久性的建構，例如蓋房子。

3.社會戲劇性遊戲：孩子能象徵性或社會性地使用玩具，例如扮家家酒。

4.規則遊戲：有既定的規則，孩子需要遵守，例如跳棋、或大富翁。

老師必須針對孩子的能力，提供協助及設計不同種類的活動，如此，孩子每天可以選擇不同類別的活動，獲得社會技巧及遊戲技巧練習的機會。

每個活動可以重覆三次，以達精熟的目的。例如活動開始時，孩子們須先熟悉玩法，再要求達到互動，因此先行教導層次低的遊戲技巧。至於分組，每組三～五人，其中一～二個特殊孩子及二～四個普通孩子。

㈥老師扮演的角色：

　　儘可能支持活動的進行，並增進孩子間的互動。老師的角色，包含下列數項：

　1.安排教學情境及座位，準備所需的材料，並做好情境的佈置。

　2.介紹活動及玩法，例如：今天我們要玩一個和水有關的遊戲，你可以用一個杯子來舀水，或是用湯匙來攪拌，你們可以兩個人共同使用一桶水。老師示範如何使用這些東西，及告訴孩子可能發生的事，為孩子解釋及闡述活動所代表的意義。

　　也可告訴孩子應如何互動，例如：告訴孩子今天你可以和你的朋友暄一起玩車子，你可能撞到車，這時你就要求救，這時你的朋友會幫你把車拖到車庫，這時如果你要換一部新的車，你就可以說：「暄，你要不要換成這部藍色的車，現在你們可以一起玩了。」

　3.提供示範：包括角色玩法的示範。

　　今天你們可以玩「開鞋店」的遊戲，暄和阿德兩人當老闆，而其他人當顧客，老師可以示範，問你要買鞋嗎？

　　孩子說：我要一雙紅色的鞋。

　　老闆說：你覺得緊嗎？

　　　　　　你要不要照照鏡子。

　4.提供引導（提示）：它必須和遊戲主題相關。

　　⑴給孩子玩法的建議。

　　⑵提醒分享／交換／協助／合作／收拾等社會行為。

　　⑶注意其他孩子的存在，不可忽略任何在場的孩子。

　　⑷支持社會互動，老師隨時注意孩子間互動的行為及動機，並給予增強、回饋。

5.觀察：在遊戲團體運作時扮演觀察的角色，以了解團體間的互動。

㈦**孩子的目標：**

指的是參與遊戲團體中，爲孩子設定的目標，可分爲以下兩種：

1.社會性目標：以增進孩子社會技巧的目標，可隨活動內容調整，計有下列幾項：

一分享

一交換（車子）

一提供遊戲點子

一幫助其他孩子（例如上下樓梯、爬上溜滑梯）

一模仿同伴的遊戲

一扮演角色

一邀請同伴一起（騎車）

一和同伴一起玩

一輪流（溜滑梯）

一傳東西

一把想法告訴同伴

一和朋友一起（蓋房子）

一說出（蓋的東西）

2.遊戲技巧目標：以增進孩子玩玩具技巧的目標，計有下列數項：

一參與活動（五分鐘）

一安全地（爬）

一拉、轉、正確地騎車

一組合玩具

一獨自玩（玩具十分鐘）

　　—搖（船）

　　—探索

　　—正確地玩玩具（十分鐘）

　　—爬上（樓梯）並且（溜下）滑梯

　　—裝滿、倒、填（水、沙）

遊戲技巧的目標，亦須隨著教學內容不同而調整。

(八)**活動介紹**：共介紹兩個活動。

　*1.*活動名稱：小主人與小客人

　　(1)遊戲對象：四位幼兒，二男二女，各包含一名特殊幼兒。

　　　①普通幼兒：暗與庭是遊戲技巧極好的孩子，並樂於與特殊幼兒互動，能主動與特殊幼兒談話、玩玩具，會分享、交換玩具，協助及提供各種玩法，能讓準備的玩具充分發揮功用。

　　　②特殊幼兒：欣是唐氏症小孩，會簡單的語言對話，喜歡扮家家酒，模仿別的小孩的玩法與說話。寬是聽障小孩，樂於與人交談，擅長畫畫、拼圖，個子瘦小，小朋友喜歡抱他，和他一起玩。

　　(2)遊戲材料：餐具組合、食物模型及電話。

　　　餐具包括：飲茶用的茶壺、杯子、茶盤、盤子、叉子及湯匙。食物模型有各式麵包、雞腿、薯條、漢堡、三明治、荷包蛋、牛排、蔬菜、水果等。

　　(3)遊戲過程：

　　　①老師先在教室的日常生活角中安排遊戲情境，日常生活角內有圓桌、椅子，周圍有冰箱、櫥櫃、置物櫃，電話放在桌子上，

冰箱內有各種蔬菜、水果、食物，櫥櫃內擺放茶具組及餐具組，並分類擺放整齊。

②將四位幼生帶來，老師介紹遊戲，說「現在我們來玩小主人與小客人的遊戲」，問「你們家裡有沒有客人來過呢？」幼生會回答「有」，「那客人來的時候，爸爸、媽媽會怎樣招待客人？」此時暄與庭很感興趣，滔滔不絕地說出自己生活裡曾有客人來訪的經驗。欣與寬有趣地注視著暄與庭，有時會簡單模仿他們說的話。

③老師提示，由幼生自己選擇要扮演的角色，庭說：「我來當媽媽，暄，你當爸爸，我們請寬和欣來我們家玩」，於是庭便開始拿起電話，欣也拿起電話，庭邀請欣來家裡玩，庭與欣開始在自然的情境下對話。暄去旁邊的櫥櫃搬出茶具組開始泡茶，請寬喝，兩人輪流倒茶與喝茶，老師問「暄，你在做什麼？」「我在請寬喝茶。」「寬，你在做什麼？」「喝茶。」暄與寬模仿大人的飲茶動作，還加入大人飲酒時乾杯的動作，暄很自然及主動地告訴寬自己生活經驗裡曾有的事。

④不久，庭搬出櫃子裡的食物、冰箱裡的蔬菜、水果及櫥櫃裡的餐具。暄、欣和寬也跟著拿食物擺放在桌上，幼生們開始把食物裝在盤內，擺上刀叉，請彼此吃。老師問欣：「你在吃什麼？」欣說「吃東西」，「吃什麼東西？」暄說：「她在吃漢堡」。老師再問「欣，你在吃什麼？」欣會回答「吃漢堡」。老師問寬：「寬，你請暄吃什麼？」寬說：「吃麵包」，「還有呢？」寬就開始將雞腿、薯條裝入盤內，拿給暄吃，回答：「吃薯條、雞腿」。

⑤「今天我們吃了好多東西，等一下我們集合，現在我們把玩具都送回他們的家。」暄、庭開始收拾，庭說「欣，你把水果、蔬菜放在這籃子裡」、「寬，你把盤子、叉子、刀子放到櫃子裡」。暄說：「這塊麵包要放在這裡啦」。老師讚美幼生的行為：「暄，你把麵包都送回它的家」、「寬，你送杯子、盤子回家，它們是好朋友，住在一起，杯子、盤子會說：『謝謝寬』」、「庭，你把冰箱又裝滿好吃的水果和蔬菜，下次我們又會有許多菜和水果可以吃」、「欣，你把這些椅子都放進桌子媽媽底下，桌子媽媽會說謝謝欣」。

⑷活動目標：在這個活動中，欲達到的目標爲：

①社會性目標

　A.幼生們能分享、交換和扮演。

　B.利用角落裡的玩具或物品，提供遊戲點子。

　C.特殊幼兒會模仿同伴的遊戲。

　D.選擇與安排扮演的角色，把生活經驗、想法告訴同伴，並自然示範動作。

②語言認知目標

　A.在自然情境中說出物品名稱、動作，在遊戲中幼生們主動對話，傾聽與回答問句。

　B.收拾玩具、物品時，幼生們會協助分類、歸位，他們自然地互相模仿學習。

2.活動名稱：展示及分享

　⑴材料：利用團體時間分享及介紹從家中帶來的玩具。

　⑵程序：

①情境安排：在每星期六大團體時間，要孩子從家裡攜帶一些可
以分享及讓孩子玩的玩具，把同樣類型的玩具（例
如車子）放在一起，並讓孩子選擇放在那一組，例
如車子組或娃娃組。每一組至少有兩個孩子。

②程序：提醒孩子玩具並非自己的，要小心愛護。讓孩子先自己
玩，再由程度較好的孩子示範如何玩，提醒其他孩子模
仿程度較好的孩子的遊戲方式，並讓程度好的孩子隨時
提供協助。

③目標提示：

A.模仿

a.看看暄正在推車子，你能不能照暄那樣推車子。

b.看！暄把泡泡吹起來了，看看你是否也能吹。

B.協助

a.對鈞鈞說：去叫暄幫你把車子組合起來！

b.對暄說：鈞鈞不知如何玩你帶來的玩具，你能不能走過去
幫他！

C.一起玩

a.告訴鈞，要暄把車子推向你。

b.你已經疊了三塊積木，要暄多疊一些在上面。

c.暄已經幫他的娃娃穿上衣服，你能不能也幫娃娃穿上鞋
子。

D.達成目標

a.遊戲技巧：

(a)孩子能正確地玩玩具十分鐘。

(b)能組合玩具。

b.社會性：

(a)孩子能和他人共同使用一個玩具。

(b)能和他人分享／交換玩具。

(c)提供遊戲點子給同伴。

遊戲團體可以是高結構化，例如人數、玩法、場地都有一定的規則；或低結構化，利用每天角落進行時，自然形成的遊戲團體，每天參與的孩子不同。無論是那一型態，為了評估遊戲團體是否達到預期的遊戲及社會技巧目標，須有一套評估之辦法。

(九)**遊戲行為之觀察及評估：**

在進行遊戲團體或任何型態的遊戲治療前，都須先觀察幼生的遊戲行為，以了解其是否須要安排遊戲介入。一般遊戲行為之觀察，可分為非結構式及結構式兩種。

1. 非結構式觀察（記錄格式如遊戲行為觀察表）：

主要用以了解幼生如何遊戲，不須任何形式，只須記錄幼生如何與玩具及人互動，分為單獨遊戲及團體遊戲兩種情境。單獨遊戲指的是特殊幼兒一個人獨自玩玩具，由老師記錄其如何與玩具互動；團體遊戲時，則邀請二～三名普通幼生與特殊幼生一起玩，記錄其與玩具及人之互動。觀察結果如下：

遊戲行為觀察表

觀察對象：_____　　觀察者：_____

觀察重點：觀察幼生與玩具及人互動的情形

日期	時間	地點	玩具	互動者	觀　察　內　容

※結論：1.與物之互動：

　　　　2.與人之互動：

(1)個案甲：

　　　　　　　　　　　　　　　　觀察者：吳老師

姓名：甲生（男）　　　　　　　時　間：8:30～8:45 AM

─────────────────────────────────

3/2 透明電梯

　▲將整個玩具倒出。

　▲在協助下，將玩具逐一放入（意願不高）。

　▲倒出玩具時表情高興，將玩具放回時則不太喜歡。

　▲獨自玩，偶爾將其中一個玩具向前丟。

3/3 圈圈塔

　▲精神狀況不佳，坐在椅子上沒精神。

　▲將圈圈自棒上取出，向前丟。

　▲在協助下，將圈圈放回棒子中。

3/8 彩色圓球積木

　▲拿起其中一個圓球，放回去。

　▲將圓球拿起來丟。

　▲原本萱欲和甲生一起玩，但因害怕甲生咳嗽噴到自己，又離開
　　了。

　▲將兩個球抓在手中互相碰撞、把玩。

3/10 形狀塔

　▲將形狀積木取出，放嘴巴內咬。

　▲一個一個放，放好之後，整盤倒出。

　▲欣拿過來一本書，放在甲生旁邊，甲生將書拿起來啃一啃，然後
　　丟掉。

▲欣走過來與他一起玩，後來宇也過來，三人一起排形狀積木。

3/11 彩色泡棉積木

▲將積木拿起，放在手中把玩。

▲放入口中咬。

▲將積木放於地板上。

▲抓老師手中的紙、筆。

▲將籃中的積木，整個倒出。

▲用積木敲打地面。

▲頡過去，將另一籃積木倒在甲生身上。

3/12 樂高積木

▲拿其中一塊積木與另一塊積木互相碰撞敲打。

▲放入口中含一下，又拿出來。

▲將桌上的玩具撥到地板上。

▲拿起一塊積木，往前丟。

▲宇拿一塊積木，在甲生面前晃動，甲生將眼睛瞇起來。

▲靜坐著看其他的孩子組合積木。

▲站起來抓小朋友組合好的玩具。

3/16 樂高積木

▲將整籃積木，拿起打翻。

▲把散在桌上的積木，用手撥弄，臉部表情高興。

▲在協助下，將灑落的積木撿入籃中。

3/17 形狀堆疊小船

▲頡示範一次，請甲生將形狀玩具自船上取下。

▲甲生拿下一塊，放入口中咬，再拿出來看一眼。

▲把兩塊積木放在手中互相敲打。

3/19 語文角

▲自書架上取一本書，坐在椅子上翻閱。

▲試著翻書頁。

▲璦過來陪甲生一起看，但兩人各看各的書。

▲甲生把書丟在地上。

▲再把書撿起來，翻了兩下。

▲老師用布偶逗他，沒有反應。

▲萱、璦過來用布偶同他玩，他只是看著一直笑。

3/22 帶插座圓柱體（蒙氏教具）

▲將圓柱體取出（需協助）。

▲把取出的圓柱體棒，放入嘴巴咬。

▲往前丟。

▲在協助下，將圓柱體自地上撿起。

▲在協助下，將圓柱體放回插座。

3/23 玩具小船、挖土機、巴士玩具車

▲將形狀玩具取下，在小船上敲打。

▲將船上的形狀玩具拿起來，往前丟。

▲宇玩巴士車，甲生拿出其中一個小人丟在地上。

▲對挖土機，沒有很大的興趣。

▲拿小人模型在身上、地上，敲出聲音。

結論：　1.將所有玩具放入口中。

　　　　2.與人無互動。

3.發展年齡在一歲以下。

4.尚須增進其認知技巧及遊戲技巧。

(2)個案乙：

觀察者：吳老師

姓名：乙生（女）　　　　　時　間：

82.3.3 (三) 8:30～8:45

精細動作角：積木。互動對象：易及原。

　▲將積木疊高六、七層，密密麻麻擠在一起，最上面是△。

　▲問她「妳在建什麼？」答：「房子」，「這裡有門」。

　▲能專注地建造與收拾。

82.3.5 (五) 8:20～8:35

精細動作角：夾子。互動對象：華及婉。

　▲先看華夾，才自己夾。

　▲後去擦鼻涕，位子被佔，返見之，大叫，丟夾子。

　▲師請乙生撿回夾子，告之旁邊位子可坐，坐下，繼續夾。

82.3.8 (一) 8:20～8:35

精細動作角：百利智慧片。互動對象：弘及儒。

　▲看同學做三角錐，三十六片。

　▲自己也做四片（缺一面弄不起來）。

　▲展示三角錐給老師看。

　▲專注看同學做二十五片正方形。

82.3.10 (三) 8:20～8:35

日常生活角：恐龍模型。互動對象：寬及涵。

▲與寬各自拿五隻玩。

▲涵過來欲與之玩，乙生馬上拿著恐龍，說「不要」，似乎怕人拿走她的恐龍。

82.3.11 ㈣ 8:25～8:35

日常生活角：餐具、小塑膠片互動對象：華及婉。

▲拿湯匙舀小塑膠片，放入盤中。

▲看別的小朋友玩與對話，沒說一句話。

82.3.12 ㈤ 8:25～8:35

日常生活角：餐具、食物模型。互動對象：婉及華。

▲讓鍋子蓋上鍋蓋，擺好碗盤。

▲婉扮演煮了一碗飯，請乙生吃「牛肉飯」。老師請她說「謝謝」，願意說，繼續假裝吃。

▲拿食物模型雞腿給老師吃，老師問：「這是什麼？」她答：「是雞腿」。餅乾亦同此模式。

82.3.15 ㈠ 8:20～8:35

日常生活角：恐龍。互動對象：婉及華。

▲拿恐龍與婉的恐龍互咬。

（若有小朋友欲與之玩，她便立即說：「不要」。）

82.3.16 ㈡ 8:25～8:35

日常生活角：恐龍、食物、水果。互動對象：婉及原。

▲拿小櫻桃給恐龍吃。

▲看其他小朋友玩，將食物模型放入恐龍口中。

82.3.17 ㈢ 8:30～8:40

日常生活角：恐龍。互動對象：儒及筑。

▲坐好後，老師請儒、筑各給她兩隻恐龍玩。

▲開始自顧自專注玩恐龍，摸腳、尾巴、身體。

▲將恐龍一隻隻排好，說：「老師，你看」。

82.3.18 ㈣ 8:25～8:35

認知角：妙塊方堡。互動對象：易。

▲將妙塊方堡排一排，與易各玩各的。

82.3.19 ㈤ 8:30～8:35

認知角：代幣、天平。互動對象：軒及寬。

▲看著寬將代幣放入天平盤中。

▲後寬用力推天平，乙生立即將天平移至另一邊。

82.3.20 ㈥ 8:25～8:35

精細動作角：工作台。互動對象：婷。

▲敲塑膠釘子入洞中，掛好工具。

▲婷過來拔釘子，乙生把她的手推開，婷便走了。

▲又繼續玩，拔起釘子放入盒中。

82.3.23 ㈡ 8:20～8:35

日常生活角：動物模型。互動對象：宗及華。

▲看同學拿動物模型排列對話，吃蔬菜、水果。

▲摸摸水果、蔬菜模型。

▲後又跑去與寬搭建積木，一個接一個疊得高高的。

結論：*1.*與物的互動：可達扮演及建構層次。

　　　　　*2.*與人的互動：可以合作，但仍須加強其輪流及分享的概念。

2.結構式觀察：

指採用一定的格式來觀察，觀察的項目是固定的，通常用來觀察一些特定的個案，以找出其遊戲行為的模式。觀察表有下列兩種格式：

⑴評量表 1：遊戲／社會技巧評量表。

用在角落及遊戲團體的情境，可同時觀察到幼生玩玩具的技巧及與人互動的能力，評量表及空白表格如後。

⑵評量表 2：遊戲／社會技巧評估表。

可同時評估不同的學生對物品及人互動的情形，並做出遊戲及社會技巧之分析，較適合研究用。填好的表格及空白表格如後。

遊戲／社會技巧評量表

姓名： 陳生（普）　　　評量者： 羅老師

日期 活動／教具	目標	評量結果	遊戲層次	社會技巧 模仿	分享／交換	要求分享與交換	提供點子	問他人	協助	輪流	與人合作	帶動別人	角色扮演	負向互動	與老師溝通	備註
1.畢卡索形狀拼圖	能依形狀完成拼圖	✓	2.	✓	✓	✓										
2.大富翁	能按規則遊戲玩	✓	5.							✓	✓					
3.立體拼圖	能拼出造型	✓	2.			✓										
4.挑戰24	能手眼協調，解決問題	✓	2.			✓										
5.迷宮隧道	能組合迷宮隧道	✓	2.			✓				✓	✓	✓				
6.買賣遊戲	能選擇喜歡的角色做扮演	✓	4.			✓					✓	✓	✓			

※遊戲層次：**0.**：不玩　**1.**：探索　**2.**：功能性遊戲　**3.**：建構遊戲
　　　　　4.：扮演遊戲　**5.**：規則性遊戲
※評量符號：全會：（✓）　須協助：（△）　不會：（✗）

遊戲／社會技巧評量表

姓名：乙生（特）　評量者：　羅　老　師

日期 活動／教具	目標	評量結果	遊戲層次	社　會　技　巧											備註
				模仿	分享／交換	要求分享與交換	提供點子	問他人	協助	輪流	與人合作	帶動別人	角色扮演	負向互動	與老師溝通	
形狀積木 (木製泡棉)	(1)會堆疊、排列積木	∨	2.	∨												
	(2)會利用積木做造型	∨														
	(3)會為所做之造型命名	×														
填土 工具組	(1)會搓、揉黏土	∨	1.	∨												
	(2)會將黏土搓成圓球或長條	∨														
	(3)會利用黏土做造型	△														
	(4)會為所做之造型命名	×														
	(5)會利用輔助工具（麵棍、塑膠刀）	∨														
交通工具 模型＋軌道組	(1)會聯結軌道	∨	4.													看上喜歡的，會想佔為己有（例如車子）
	(2)能正確地玩十分鐘以上	∨														

※遊戲層次：*0.*：不玩　*1.*：探索　*2.*：功能性遊戲　*3.*：建構遊戲
　　　　　　4.：扮演遊戲　*5.*：規則性遊戲
※評量符號：全會：（∨）　須協助：（△）　不會：（×）

遊戲／社會技巧評量表

姓名：＿＿＿＿＿＿＿＿　評量者：＿＿＿＿＿＿＿＿

日期 活動／教具	目標	評量結果	遊戲層次	社　會　技　巧											備註 （記錄幾個人一起玩）
				模仿	分享／交換	要求分享與交換	提供點子	問他人	協助	輪流	與人合作	帶動別人	角色扮演	負向互動	與老師溝通	

遊戲層次：**0.**：不玩　*1.*：探索　*2.*：功能性遊戲　*3.*：建構遊戲
　　　　　4.：扮演遊戲　*5.*：規則性遊戲
評量符號：全會：（ˇ）　須協助：（△）　不會：（×）

遊戲／社會技巧評估表

活動名稱： 醫生和病人

記 錄 者： 羅老師

日　　期： 82.9.13　　時間： 10:20～10:35

地　　點： 個別角

**說明：「＋」：表示與人之互動為正向　　「－」：表示與人之互動為負向

　　　　「○」：表示與物之互動為正向　　「△」：表示與人之互動為負向

　　　　「×」：表示與人或物無互動出現

		人	物			所觀察孩子的姓名	與之互動之人或物之名稱及姓名					
							物	人	物	人	物	人
		＋	－	○	△	×		注射筒	陳生				
1		2	1	1	0	2	甲生	○××	＋＋－				
2	合	2	0	3	0	1	乙生	○○○	＋＋×				
3													
4													
5	計												
6													

※觀察評語： （記錄孩子自己玩，還是……）

　　　　　甲生：會嘗試每種東西，拒絕當病人，並說：「我要當醫生。」會趁人
　　　　　　　　不備，用布的注射筒為小朋友打針（但有時會嚇倒小朋友）。

　　　　　陳生：一開始即要當醫生，老師協調兩人輪流。

　　　　　乙生：與物的互動比甲生佳。

遊戲／社會技巧評估表

活動名稱：_____

記 錄 者：_____

日　　期：_____　　時間：_____

地　　點：_____

**說明：「＋」：表示與人之互動為正向　　「－」：表示與人之互動為負向

　　　　「○」：表示與物之互動為正向　　「△」：表示與人之互動為負向

　　　　「×」：表示與人或物無互動出現

		人		物		所觀察孩子的姓名	與之互動之人或物之名稱及姓名					
							物	人	物	人	物	人
		＋	－	○	△	×						
1	合											
2												
3												
4	計											
5												
6												

※觀察以十秒鐘為一單位，每個孩子觀察 3 分鐘。

　觀察評語：（記錄孩子自己玩，還是……）

活動本位的介入

以活動爲主的教學通常可達到多項目標，因而在特教界愈來愈受到重視並採用。只是在採用活動教學時，仍需考量孩子的需要，所教的內容必須是孩子能力所及。假如孩子無法達成時，則必須改變教學目標及活動。

活動本位的教學乃是 Bricher 和 Cripe 在一九九二年所提出，簡稱爲 ABI（Activity-based Instruction），主要是應用自然環境中發生的事件做爲教學內容。

一、活動本位教學之定義

它乃綜合學前教育理念及行爲矯治的策略發展而成，其中學前教育理念指的是教學須由孩子主導；而行爲矯治指的是教學內容須根據擬定的目標進行，以評估進步。

例如：走路時看到花，讓孩子主動探索，和孩子談花的特徵（例如顏色及氣味），並告訴孩子這是花。下次看到花時，可問孩子這是什麼？孩子經由平時的體驗，看到花就易記起花的名稱。

由此可知，活動本位介入乃是由兒童主導的教學方法，在教學活動中，融入特殊幼兒的個別目標，同時邏輯地運用自然發生事件中的前因和行爲後果，以發展功能性技巧的教學方法。

二、活動本位介入的主要要素

活動本位的介入具有下列特質：

㈠以孩子為主導的教學方式：教師須遵循孩子的帶領，提供合適的回饋，以符合孩子需求。

至於一個活動應具備那些條件才可稱之為活動，則需具備下列三點要求：

　1.活動必須要：

　　⑴有開始、過程及結束三個部分，不管活動時間長或短，都須有這三個部分。

　　⑵適合孩子的年齡。

　　⑶新奇的、有趣的、小孩從未玩過的。

　　⑷教師可控制的。

　　⑸有彈性，可加入其他的內容。

　　⑹有教師在旁督導。

　　⑺具有功能性，教學的內容是實用的，和孩子日常生活經驗相關的。

　　⑻能產生師生及同儕的互動，老師與學生對活動都有反應。

　2.活動不需要：

　　⑴一定要完成一件作品。

　　⑵由教師決定如何進行，亦可由孩子決定如何進行。

⑶包括所有領域的目標，但不須同時包含認知、語言、動作、社會及生活自理等五大領域的目標。

3.活動時，座位必須按下列條件安排：

⑴易於在幼生需要時提供協助。

⑵孩子能很容易與其他孩子和成人互動。

⑶需要較多指導的孩子，能安排在便於指導的位置（例如：老師旁）。

⑷教具和所收集的教材用具，放在便於使用但不妨礙活動的地方。

⑸老師必須和小朋友一起坐下來。

㈡過程包含評量—教學—評量三個步驟，亦即經過先評量幼兒之起點，進行教學，教完再評量三個步驟。

㈢合乎邏輯的教學：利用事件發生時，自然地教導幼兒概念，例如玩水時教它浮沈的概念，在活動中使用自然發生事件的前後行為，做為誘因及增強物，亦即著重情境、行為及反應聯結。

以下是一玩水的活動，透過玩水讓孩子自然地發現水的特性，並在過程中引發孩子的認知、語言及社會能力，活動內容及空白表格如下：

活動名稱：玩水（沙）

活動說明及進行順序	用　具	達到的目標	評量
—開始時，把塑膠布鋪在地上。 —孩子必須向老師要圍裙、水盆和玩具。 —當孩子要水時，可要求他們解決問題，如水桶的蓋子蓋得很緊，孩子要想辦法打開，或請人幫忙。 —現在水可以倒進大盆子裡了，記得一次給一點，這樣孩子可以要求「還要」。 —孩子可以輪流倒水，用玩具打水、玩小船或擠海棉。 —應該給孩子輪流溝通的機會，和孩子談談他們或你在玩什麼。 —遊戲快結束了，要孩子把各種玩具還給你。 —把大水盆的水倒掉，問孩子你們要用什麼來擦手？（毛巾） —把毛巾拿給孩子，問他們還有什麼要擦乾的？（玩具、桌子） —最後孩子幫忙把塑膠布摺起來，玩具放好。	—塑膠布 —水 —大水盆 —水桶 —圍裙 —會浮的玩具 —湯匙 —海棉 —杯子 —毛巾	打開蓋子 說「還要」 輪流倒水 用玩具打水 說出玩的內容 會擦手 會收拾玩具	

變化：

—可用紅豆、綠豆或沙來代替水

—在水中加顏色

—滴些洗碗精在水中，再用手攪拌，可製造泡泡（吹泡泡）

—用不同形狀的保麗龍板，浮在水面上玩

認知概念：

—水　　—擠　　—硬

—乾　　—開　　—熱

—濕　　—拌　　—冷

—倒　　—軟

社會：

—輪流

—收拾

動作：

—倒水

—打開

語言：

—說出「還要」

—玩水

㈣跨訓練者、環境、材料之教學：在不同的活動中提供練習，並由不同的人提供訓練，如此學習才能達到類化的效果，因而教師須仔細計畫活動，以使活動能符合孩子的學習目標。

活動計畫表

活動名稱：	變化：
活動說明及進行順序：	
用具：	目標：（列出普通及特殊生）
字彙／概念：	

㈤將目標包含在教學中：把特殊幼兒的學習目標融入教學活動中，教學活動分為下列三種：

   1. 由孩子主導者：例如角落時間（choice time）。

   2. 日常作息或每天例行活動：例如吃點心、午餐、如廁、收拾等作息。

   3. 特別計畫或安排的活動：例如小組活動時間，這段時間多半由老師主導，安排及設計教學內容。

㈥將孩子學習的目標安排在不同的教學活動中，以達類化的目的，例如教學目標為指認身體部位及說出身體部位時，則可透過拼身體部位拼圖、唱兒歌、畫圖、做臉譜、幫娃娃洗澡、說故事等活動來達成，如此教學目標就可在不同的活動中執行，增加執行的機會，幼生亦可透過不同的活動，來練習學得的技巧或學學新的技巧。

㈦活動中須包含不同領域的目標，如此可同時符合幼兒多方面的需要，領域指的是認知、語言、大動作、社會及生活自理等五個領域，每一個活動如設計得好，多半可符合至少一個領域以上的目標，但卻無法同時符合五個領域的目標。以下是活動達到不同領域目標的例子：

活動名稱：手指畫

程　　序	達　　到　　的　　目　　標					
	認知領域	語言領域	生活自理領域	精細領域	大動作領域	社會領域
1.給小朋友一張紙 2.用手沾顏料在紙上塗抹 3.畫出形狀或圖案 4.畫好後分享畫的內容 5.收拾	1.指認顏色 2.說出形狀 3.分辨形狀	1.仿說 2.遵守指示 3.描述畫的內容	1.幫忙鋪報紙 2.清理 3.洗手	1.仿畫圖形 2.使用手指 3.畫出形狀	1.站著拿顏料 2.坐在位子上 3.傳遞顏料	1.分享 2.輪流 3.等待 4.要求協助

　　上述的手指畫活動中，同時達到了認知、語言、生活自理、動作（分為精細及大動作）及社會領域的目標，這五大領域正是學前特殊教育最重視的教學領域。上述這種能符合不同領域目標的活動，可稱得上是非常符合活動本位精神的活動設計。事實上，並非所有的活動都需同時達到所有教學領域的目標，但只要仔細計畫，一個活動通常可達到不只一個領域的目標。例如在動作領域的活動中，常可將語言領域的目標包含在一起；例如在以教導動作為主的活動中，可加入語言的目標，其作法詳見下列的例子：

語言和動作目標結合之實例

活動名稱	語言目標	對話：C＝小孩，T＝教師
障礙賽	1. 徵求同意使用運動設施。	1. C：「我要跳墊子。」
	2. 遵從指令。	2. T：「跳到滑梯邊。」
	3. 命令他人做動作。	3. C：「上下跳動。」
	4. 描述自己和他人的動作。	4. C：「我正在走。」
	5. 了解介系詞。	5. T：「繞著那個箱子跑。」
		T：「站在那個箱子上面。」
	6. 了解空間關係。	6. C：「我在這裡，小明在那裡？」
	7. 理解及表達關於速度、時間、距離和高度。	7. T：「那滑梯離這近，還是遠？」
畫人	1. 整理、分類、配對。	1. T：「把大蠟筆放這裡，小蠟筆放那裡。」
	2. 要求同意使用某些物品。	2. C：「我要一顆小珠珠。」
		T：「給我看那些貼好珠珠的圖片。」
	3. 描述自己和他人的動作。	3. C：「我正在塗顏色。」
	4. 了解事物之屬性，例如：顏色、大小、形狀。	4. C：「做一個小綠球（黏土）和一個大紅球。」
	5. 指認左右手。	5. T：「用你的右手拿起那些蠟筆。」
準備食物	1. 描述物品之特徵（大小、顏色、形狀、溫度、味道、時間、速度、質地）。	1. T：「做一個圓餅。」
		C：「檸檬嚐起來是酸的。」
		C：「那杯果汁是冷的。」
	2. 指名要求一些物品。	2. T：「我們需要什麼？」
	3. 描述自己和他人的動作。	3. C：「我們正在做出圓形。」

㈧活動中須包含不同難度的目標，好處是在同一活動中可符合不同程度
幼生的需求，即在同一時間空間包含難易不同、同一領域的目標，例
如教學時，同時要求指認那一張圖片為大象，及說出圖片的名稱。這
二個不同難度的目標，教師在教物品名稱時，對於能說出名稱者要求
說出名稱，而對於只在指認層次的幼生，則要求用手指出要求的物品
即可。這種教學方式稱之為多層次教學（multi-level teaching），它
和應用工作分析（task analysis）的方法來安排難易不同的教學目標
有些類似。工作分析指的是將同一技巧分成難易不同的步驟，是教導
特殊兒童常用的方法。以下就是如何將一活動目標層次化的例子：

活動名稱：車滑下來了

用具：木板、膠帶、玩具車、積木

程序： *1.* 拿一塊板斜靠在箱子或牆上（形成斜坡）

　　　　 2. 用膠帶貼在板上做為道路

　　　　 3. 拿小玩具車在板上滑上滑下

　　　　 4. 可以把積木放在板上做為路障

變化：其他有軌道的汽車組或加上人的汽車組

活動目標：可分為五大領域及不同的程度

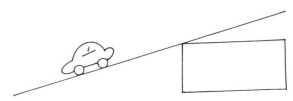

程度 ＼ 領域	社會	精細動作	粗大動作	生活自理	認知	溝通
最 差	在同伴旁邊玩	伸手抓車，握車在手中	在支持下站立	無	視覺和聽覺注意，追視移動的車	聽覺注意，並發聲
中	注意同伴，模仿同伴	伸手抓車，放掉，把車從一手換到另一手	不需支持站立	無	適當的玩車子（功能性的操作）	指認車子，做出車子的聲音
最 好	和同伴互動，能回答	伸手抓車，緊握，一次放開兩部車	蹲下再站起來，站立並往前傾，維持平衡	無	在木板上滑動車子，繞過障礙，有上、下、停、走的概念	說兩個字的片語，如「車跑」

(九)安排功能性技巧及類化的機會，功能性技巧指的是實用的技巧，教學活動應以發展功能性技巧為要務。各領域實用性技巧如下：

1. 抓和握（動作技巧）

2. 用餐具（叉子、筷子）吃（生活自理）

3. 要求協助（溝通）

4. 分類（認知）

5. 學習遵守團體中的指示（社會技巧）

6. 和教室中其他孩子一起玩（社會技巧）

7. 輪流（社會技巧）

三、活動式教學與直接教學法之比較

　　既然活動式教學是一非常理想的教學法，為何現在的教學仍以直接教學法為主？最主要的原因是使用直接教學法，教師事前不須做太多的準備，以下將從師生互動、教學目標、學習效果及類化等四個角度，來比較活動式教學及直接教學法之異同：

活 動 式 教 學	直 接 教 學
1.教師和孩子的互動 　—用孩子的興趣、行為和動機，引導教師的教學 　—教師鼓勵孩子主動參與 　　教師跟隨孩子（以孩子為主導） 　—孩子主動時，教師回應 2.教學目標（活動中包含目標） 　—教師使用日常和計畫好的活動，來訓練數個教學目標 　—對於不常發生的教學目標，教師須準備練習的機會 　—教師為每一個活動提供一個合理的開始和結束 3.行為前項、反應和後果的關係 　—教師使用合理發生的行為前項和後果（例如：天氣冷—穿衣—不冷） 　—教師使用自然包括在活動中的後果，來加強學習（例如：利用戶外活動時，要求穿上衣服） 4.類化：教師發展同一類前項和反應之間的關係（和自然情境配合） 　—教師測試新學會的技能（在天氣冷時，要求孩子穿上衣服）	1.教師和孩子的互動 　—教師使用事先選好的教材，以口頭指示和動作，來引導孩子的注意 　—教師鼓勵孩子反應 　—教師指導活動的進行（以教師為主導） 　—孩子有反應時，教師回應 2.教學目標 　—教師一次介紹一個新技能，例如穿衣 　—在每個教學步驟裡，教師提供大量的例子來練習 　—教師在最初的教學步驟中，提供介紹和區分正誤反應的例子 3.行為前項、反應和後果的關係 　（不考慮行為前項，直接教） 　—教師使用相同的安排和指示，來示範正誤的例子 　—教師使用特定的增強及修正方式 4.類化 　—教師示範各種正確的反應例子（例如穿衣），很少使用錯誤反應的例子 　—教師使用新的例子，例如穿不同的衣服，來測驗類化情形

四、活動式教學之程序

進行活動式教學時，有下列程序：

㈠找出孩子的目標

透過正式及非正式評量，了解孩子的起點，再訂定適合孩子的教學目標。教學目標分為長期及短期目標，以下是一學前融合班中為特殊幼兒所擬定之個別化教育方案中長、短期目標的例子，並按領域及作息時間排列：

類別	編號	長期目標	目　　標	時間／地點	評量	備註
2	1. 2. 3. 4. 5. 6.	語言、溝通	●會與他人溝通 ●會召喚他人（合宜的方式） ●能說出家人的名字 ●能說出有意義的話 ●能表達自己的需要 ●會聽從指示	家庭、社區、學校		
	7. 8.	生活自理	●能主動擤鼻涕或擦拭嘴巴 ●把外套掛在衣架上，並把衣架掛好			
	9. 10.	社會行為	●用大人的衣、物等，作裝扮遊戲 ●選擇自己的朋友			

類別	編號	長期目標	目　　標	時間/地點	評量	備註
1	11.	到達	● 會向師長、同儕問好			
	12.		● 會主動將鞋子擺好	教室		
	13.		● 會向父母道再見	8:00～8:45		
	14.		● 會儘速將早餐吃完			
	15.	自由活動	● 會獨自從事靜態的活動			
	16.		● 會與同儕互動	教室		
	17.		● 能在工作或遊戲中遵守規則	8:00～8:45		
	18.	收拾	● 聽到琴聲能將玩具歸位	教室		
	19.		● 歸位後能到大團體位置坐好，並依琴聲表演動作	8:45～8:50		
	20.	日曆計畫				
	21.		● 能向老師問好	教室		
	22.		● 能知道今天是×月×日星期×天氣×	8:50～9:00		
	23.	角落時間	● 能知道各角落的名稱			
	24.		● 能正確地選擇自己喜歡的角落	教室		
	25.		● 能知道各角落的位置	9:00～9:30		
	26.		● 能正確地操作玩具、教具			
	27.	戶外時間	● 能正確地使用遊戲器材			
	28.		● 能和同儕一起玩			
	29.		● 能和同儕輪流玩	戶外場		
	30.		● 能表達自己的需要（例如：喝水）	9:30～10:00		
	31.		● 進教室前會先去洗手間洗手			

類別	編號	長期目標	目　　標	時間/地點	評量	備註
1	32. 33. 34. 35. 36.	點心時間	● 吃點心時，能儘量保持桌面的清潔 ● 能不挑食 ● 能正確地使用餐具 ● 能將用過之餐具，收到指定的地方 ● 會在吃完點心後，整理好桌椅	教室 10:00～10:30		
	37. 38. 39. 40. 41.	小組時間	● 能說出自己的需要 ● 能參與小組活動 ● 能與同儕互動 ● 能在協助下完成作業單 ● 會將自己的作品收好	教室 10:30～11:00		
	42. 43. 44. 45. 46.	大團體時間	● 能依指示做動作 ● 會模仿歌謠及兒歌之動作 ● 會主動和同儕互動 ● 別人說話時能傾聽 ● 能參與各項活動	教室 11:00～11:30		
	47. 48. 49. 50. 51. 52.	午餐	● 能吃各種食物而不挑食 ● 會要求自己喜歡吃的食物 ● 能不用手抓取食物 ● 能正確進食而不灑落食物 ● 會自己裝湯 ● 能將用完後的餐盤歸位	教室 11:30～12:00		
	53. 54.	放學	● 會和老師、同儕道再見 ● 會將老師所發的東西帶回家	教室 12:00～12:30		

※類別：1. 表和作息相關的目標
　　　　2. 表和課程相關的目標

㈡安排適當的機會來執行這些目標

依據目標的性質，安排適當的時機及方式，來教導這些擬定的目標。

途徑有下列數種：

*1.*利用例行活動的時間來執行目標

亦即每天有固定的作息時間，自然地來執行教學目標，例如利用點心時間，來執行生活自理的目標。首先要先了解教室的作息，才能決定作息目標及如何執行。其方法如下：

⑴找出每段作息自然達成的目標

一般而言，每段作息時間都可達到一些和領域相關的教學目標，這些目標不只適用於普通幼兒，亦適用於特殊幼兒，以竹師實小學前融合班的作息為例，每段時間可達成的目標如下表：

作　　　息	目　　　標
到達	• 能向師長、同儕問好 • 能向父母道再見
自由活動 8:00-8:40	• 能獨自玩或和一～二位同儕一起玩 • 能和同儕交換玩具 • 能和同儕輪流玩玩具 • 能在工作或遊戲中遵守規則
收拾 8:35-8:40	• 聽到琴聲能將玩具歸位 • 歸位完後能到大團體位置坐好，並依琴聲　表演動作
日曆計劃 8:45-9:00	• 能向老師問好 • 能說出今天的年、月、日、星期和天氣
角落時間 9:00-9:30	• 能選擇自己喜歡的角落 • 能知道自己要到那個角落及在角落位置玩什麼 • 能正確地操作玩具、教具
戶外時間 9:30-10:00	• 能正確地使用遊樂器材 • 能和同儕一起玩 • 能和同儕輪流玩 • 能表達自己的需要（例如：喝水） • 進教室前會先去洗手間洗手
點心時間 10:00-10:30	• 進教室前會將鞋子擺好 • 吃點心時，能儘量保持桌面的清潔 • 能不挑食 • 吃完點心會自動收拾桌面 • 會將碗、湯匙收到指定的地方 • 會將自己的桌椅排好

作　　息	目　　標
小組時間 10:30-11:00	• 能主動參與小組活動 • 能與同儕共同使用教具、材料 • 能注意聽老師解說 • 能聽從簡單的指令，並做出正確的動作 • 能回答老師的問題 • 能主動問問題 • 能表達自己的需要
大團體時間 11:00-11:30	• 能主動參與大團體活動 • 能坐在自己的位置上，而不會坐錯位置 • 能不隨意走動
午餐時間 11:30-12:00	• 能吃各種食物而不挑食 • 能不用手抓取食物 • 能正確進食，而不灑落食物 • 用餐完後，能將餐盤歸位
放學 12:00-12:30	• 會和老師、同儕道再見 • 會將老師所發的東西帶回家

⑵將目標安排在不同的作息中

除了將目標安排在固定的作息時段外，為了達到類化的目的，教學目標亦可在不同的例行活動中執行，例如大動作的目標可同時在戶外時間、角落及大團體時間來執行，而一些和生活自理有關的目標，亦可在角落、點心或到達的時間執行。詳細的例子如下：

例一：在戶外場及大動作角，可同時執行下列目標：

走斜坡

跳

丟球

爬

溜滑梯

了解快及慢

例二：在日常生活角／休息／到達時間，可同時執行下列目標：

穿衣

扣扣子

洗手

(3)在作息中安排一些和孩子目標相關的活動

如此可讓作息、目標及活動教學緊密地結合在一起。透過活動的安排，每段作息不但可自然地達到一些目標，更可在作息中安排一些活動，以達到孩子的教學目標。

至於如何將作息與目標及活動結合，則有賴教師設計及安排能和作息結合的活動，並將孩子的學習目標融入日常作息（例行活動）中。例如教學目標為「能和同學分享昨天發生的事」時，則可將此目標安排在大團體的作息中，讓幼生在大團體時分享昨天發生的事，亦即在大團體時安排分享的活動。此外，在大團體中透過講故事的活動，亦可達到下列目標：

—問問題／回答問題

—傾聽

—理解

—表達

—動作

—遵守一個步驟的指示

─遵守二個步驟的指示

─看著老師

─使用手勢

─輪流

─坐在地上五分鐘

─練習名詞及形容詞的用法（例如說出故事中的人物）

─圖片配對

同樣地，也可利用每天的點心時間，安排與食物準備或吃相關的活動，從活動中達到各種領域的目標，例如下表的點心活動，就可同時達到四種領域的目標。

作息＼領域	精細動作	大動作	語言	認知
點心時間	1. 從茶壺中倒水到杯子 2. 用奶油刀塗抹 3. 用湯匙攪拌	1. 拉開椅子 2. 坐在椅子上	1. 遵守指示 2. 描述 3. 討論食物是誰做（準備）的	1. 認識食物的大小、形狀 2. 氣味

除此之外，語言的目標融入作息中的例子，也比比皆是，例如下述的例子：

例行活動中之語言目標

語言目標　　　　　　　　　　**對話：C＝小孩，T＝教師**

---

1. 到校和放學
①問候。
②稱呼其他孩子和老師的名字。
③指名，要求衣服（當覺得冷時）。
④指認身體的部位。
⑤所有權。
⑥回憶過去的事件和經驗。

⑦認出貼在掛鉤、小櫃子的名字。

① C：「老師早」、「再見。」
② C：「羅老師。」
③ C：「要外套。」
④ T：「讓我看你的手。」
⑤ T：「這頂是誰的帽子？」
⑥ C：「我坐摩托車來。」
　　　「我昨天去郊遊。」
⑦ T：「你把外套放在那裡？」

---

2. 自由遊戲
①指名要求玩具和玩伴。

②指出洋娃娃身上的部位。
③描述自己和他人所從事的活動，要
　求其他人作某些動作或重做某事件。
④用動作或語言回答「如何做」之類
　的問題。
⑤立即事件和經驗的描述。
⑥描述正在進行的事。
⑦預測某些狀況下將發生的事。
⑧按順序描述數個事件。

① C：「我要火車。」
　　　「你要和誰玩？」
② T：「洋娃娃的眼睛在那裡？」
③ C：「我在畫畫。」
　 C：「請打開它。」
④ C：「拉這個地方。」

⑤ C：「圓圓拿走了車車。」
⑥ C：「車開到積木角。」
⑦ T：「告訴我，當你拉那門時會如何？」
⑧ C：「我先把它放在上面，然後再拿來
　　　　敲。」

---

3. 點心時間
①指出及命名食物的種類和餐具
　（例如碗、叉子）。
②表達需要。
③描述自己和他人的活動。
④區別食物的種類。
⑤描述一天的事件和經驗。
⑥重現或消失。

① C：「請給我果汁。」

② C：「我需要湯匙。」
③ C：「我正在吃。」
④ T：「你喝的東西從那來的？」
⑤ T：「我們出門以後，做了什麼事？」
⑥ C：「多喝點牛奶。」

4.盥洗時間（休息）

①指明缺少的項目。	①C：「我要肥皂。」
②指認空間、位置。	②T：「我們把牙刷放在什麼上面？」
③描述他／她下個步驟要做的。	③C：「沖馬桶。」
④要求幫助。	④C：「請你們幫我。」
⑤徵求同意。	⑤T：「好的，你可以使用我的剪刀。」
⑥描述物品的特性。	⑥C：「水很冷。」

　　一般而言，語言目標更須和日常的例行活動結合，因為所有的活動都須用到語言，從上述語言目標融入日常例行活動的實例中，發現只要教師仔細規劃，特殊幼兒的教學目標可自然地配合教學的情境及作息，而不須另外找時間來教導及執行這些目標。

　　(4)將作息與個人目標結合

　　作息和活動一樣，可以放進不同人的目標，亦即同一時段可同時達到不同學生的需求，例如戶外時間，可讓甲生有機會練習溜滑梯的目標，對乙生則可提供與同儕互動的目標。將幼生個別化教育的目標和作息結合在一起，不但可達成個別化教學的目的，亦可使教學內容達到實用性、功能性。下表將幼兒每段作息的目標列出，並加以評量：

作　息	目　標	評	量
		甲	乙
到　達	1. 問好 2. 掛衣服	˅ ˅	˅ ˅
大團體（小朋友圍成圓圈）	1. 遵守指令 2. 回答問題	˅	˅
戶　外	1. 與同儕互動 2. 溜滑梯	˅	˅
角　落	1. 掛角落牌 2. 收拾	˅ ˅	˅ ˅
點　心	1. 傳物品 2. 說出食物名稱	˅ ×	˅ ˅

⑸使用策略以達成作息目標

　　除了將目標融入作息時間外，教師亦須使用一些策略或製造一些情境，以引導目標的發生，例如製造機會安排活動或準備一些器材，以確保目標有機會執行。下表將介紹一些策略，讓作息能達到預定的目標。作息可以是學校內的作息，亦可以是在家的例行活動。

作息達到預定目標的策略

作息 ＼ 目標	抓 東 西	參與社會性遊戲
坐　車	把一些玩具固定在安全椅上，讓其抓握	當綁好安全帶時，會揮手
戶　外	在感覺箱中抓玩具，提供玩具讓其抓握	在戶外場能和大家一起玩
角　落	在精細動作角，提供一些可以抓握的玩具，例如搖鈴、書 、筆	鼓勵及主動玩喜歡的遊戲，例如：一起扮家家酒
午　睡	提供一隻布娃娃或毯子，讓其抓及抱	唱睡覺歌，安靜地入睡

作息達到預定目標的策略

目標 作息	轉向並看著說話的人	會對熟悉的聲調有所回應
穿衣	早上進入房間時問好	問孩子要穿那件衣服
午餐／點心	站在高椅子邊，並問孩子是否還要	使用誇張的表情，來描述孩子吃的食物（例如：好吃喔！）
清洗	走到孩子的高椅子後，並且說：「清洗時間到了」	要求孩子在吃完點心後洗手
午睡	坐在地板看孩子是否會看著你	問孩子是否準備睡覺了
角落時間	進入房間或教室和孩子一起玩	在遊戲時向孩子笑，並使用一些表示驚奇的字
放學時間	讓孩子站好，並說再見	唱再見歌

作息	目標	
	表達需要	聽從指示
大團體	給予機會，要求其發言或舉手	安排固定位置，在集合時將墊子放在固定的地方

作息達到預定目標的策略

姓名：＿＿＿＿＿＿＿＿＿＿　　　　　期間：＿＿＿＿＿＿＿＿＿＿

活動：＿＿＿＿＿＿＿＿＿＿

目標 作息				

＊請在空格內填入方法

　　總之，教師要設計情境，並爲孩子安排目標與作息結合的活動，以使孩子有機會獲得及練習學得之技巧。

　　2.利用孩子主導的時間來執行目標

　　孩子主導的時間包括自由活動時間、角落時間及戶外時間，這些時間孩子可以決定要玩的內容及要玩的玩具，也是隨機教學的最好時機。孩子間自由地玩及選擇玩的方式，除了可增進社會技巧外，亦可增進溝通的技巧。此外，玩玩具本身更可增進遊戲的技巧。

　　教師的任務是安排一個有利互動及學習的環境，在融合班的教室中，不管是室內或室外空間的安排，都可設計爲不同的學習區，例如：戶外場就是一大動作的學習區，教室內則可佈置成精細技巧、認知技巧、日常生活、閱讀及語文等學習區，如此孩子到了各個學習區，可自然發展出該技巧，雖然由孩子主導，但透過孩子主動與環境互動，仍可達到一些學習目標，因此由孩子主導的作息，亦是學習的一種管道。

　　以下是在自由活動時間可達到的目標：

　　自由活動：選擇玩具

　　　　　　　玩玩具

　　　　　　　分類

　　　　　　　一起遊戲

　　　　　　　輪流

　　　　　　　合作

　　　　　　　等待

　　角落活動是每天安排的活動，但每個角落功能不同時，可達到的目標亦不同，孩子每天可依自己的興趣選擇要去的角落，亦可在角落中選擇自己要玩的玩具，或是老師安排的活動，因而角落是以孩子爲主導的作息。

為了讓每位幼兒都能在各角落中玩得盡興，老師必須精心地佈置角落，以使每位幼兒能依自己的能力及興趣各取所需，因此角落活動必須隨著幼兒程度及每個角落的人數而設計，每個班級亦可有不同的角落。而每個角落亦可配合角落的特色，各有不同的角落目標，例如：

　　語文角：說出圖片中物品的名稱

　　　　　　翻書（一頁頁）

　　積木角：用積木堆塔或其他造型

　　　　　　照圖排列積木

　　　　　　數數

　　精細角：穿小珠

　　　　　　剪紙

　　　　　　剪直線

　　美勞角：仿畫圖形

　　　　　　畫人

3.利用教師主導的時間來執行目標

　　平時教師要能仔細觀察幼生的行為，了解其需求，再決定及計畫介入的時機和方式。在平時的教學中，大團體及小組教學是由教師主導，教師須知道如何用最有效的方式，來達到教學目標。

　　活動式教學已證實為一非常有效的教學方法，因而教師應儘量使用活動式教學。教師在設計教學活動時，應掌握下列活動式教學的原則：

　　①在活動中儘量包含不同領域的目標。

　　②安排不同的教具，用不同的方式來達到目標，例如抓東西的目標，可以透過抓不同的物品來達成。

　　③透過不同的活動，來達到孩子的目標，例如透過講故事及分享

活動，來達到語言表達的目標。

④安排不同層次的目標，例如：在同一活動中，同時安排指認物品及說出物品名稱的目標，以符合不同程度幼生之需要。

教學活動如符合以上的原則，必能符合異質性高、個別差異大的團體需求，因而教師在設定教學計畫時，應儘量符合上述的原則，以求活動中包含不同領域的目標，並以孩子為主導，配合自然發生的事件來教學。在安排結構化、系統化的活動式教學之外，更要隨時評估孩子的進步。

以下是活動式教學計畫表（範例）及其空白的表格：

活動式教學計畫表（範例）

評量者：＿＿＿＿＿＿＿＿＿＿＿　　　　　日期：＿＿＿＿＿＿＿＿＿＿＿

活動名稱	情境／程序	提　示	達成目標	評　量			備註

| 積木遊戲(一) | 1.先把積木或建構類玩具歸好類（例如所有紅色的或形狀相同的放在一起）。
2.清出一塊地區，讓孩子在地板上工作，一個區域玩樂高，一個區域玩寶貝積木。
3.介紹每一種積木玩法，並讓一個孩子示範。
4.讓孩子選擇要玩的積木，給予一個區域，並要求其負責善後。 | 一、模仿：
1.看！他正把樂高放在最上面，讓我們照著做。
2.暄正用大的綠色積木，我們也用大的試試看。

二、分享／交換：
1.要暄告訴晞，把紅色樂高傳過來。
2.告訴暄，要他把藍色的給晞。
3.給我看你做的。 | 1.用材料蓋成一個架構
2.正確地蓋十分鐘 | | | | |
| (二) | 1.每一種玩具讓兩個孩子一起玩。
2.和昨天不同的是兩個人一組一起玩。
3.先分組（自願）。
4.一人先做，另一人模仿，再交換。
5.蓋好後，給孩子積木以外的東西來做扮演。 | 一、遊戲點子：
1.你可以蓋個房子，再拍個照。
2.你的小動物關在籠子裡，太擠了。
3.你的動物跑走了，趕快去找一找。
二、分享／交換：
1.如果你需要紅色積木，告訴暄叫他傳過來。
2.給暄看你做的。
3.把綠色的給暄，因為它們是在同一個盒子。
三、遊戲組織：
1.告訴他，我握住這邊，你放在上面。
2.給他看這個應放在那。
3.說：「暄，窗戶應在這裡！」 | 1.提供遊戲點子
2.把東西傳給另一個孩子

3.和同伴一起蓋房子 | | | | |

活動式教學計畫表

評量者：＿＿＿＿＿＿＿＿＿＿＿　　　　　　　日期：＿＿＿＿＿＿＿＿＿＿＿

活動名稱	情境／程序	提　示	達成目標	評　量				備註

㈢將特殊幼兒的目標放入一般的教學計畫中

在教學活動中，老師要把個別的目標特別提示出來，如此教學活動才會有意義，且合乎孩子的需要。一般而言，大多數的活動都可用來達成多項目標，而在學前班的課程中，大多數的活動都可達到基本概念的學習，例如數、形狀、顏色、大小及語言理解。

舉例來說，在幫娃娃洗澡這個活動時，老師可以說：「把黃色的毛巾拿過來，它放在櫃子裡面（強調顏色及位置）。」也可以說：「幫娃娃抹上肥皂，先抹右腳，再抹左腳（強調左右的概念）。」

雖然教學中，可以自然地、隨機地達成很多目標，然而針對特殊孩子的教學，仍應事先加以計畫，把孩子的需要融入教學中，畢竟這些孩子需要的是具體的例子、有意義或是自然的重覆，及一連串相關的經驗，並隨時安排經驗的類化及經驗的聯結。

活動本位的教學非常適合統合式或融合式的教學環境，其實施方式為：

把特殊幼兒安置在融合式取向的學前班之後，特教老師就和學前班教師會面並討論特殊孩子的需要，一般學前班教師在課程調整上常需要幫助。調整的目的不見得須要特別針對特殊孩子設計個別的教案，而是儘量把個別的目標融入正常的課程中。例如：當老師教到「認識水果」的單元時，小組成員就提供有關個案需求的意見（其流程如下表）；小組成員和學前班教師合力針對個案需要來調整課程，小組成員把教學領域和單元主題配合，然後合力把活動修改到可以融入個案的認知、語言、動作及社會的目標。這些調整通常也適合班上的其他孩子，為了確保教學的調整可行，小組成員可以每個禮拜拜訪學前班，直到教師覺得這種方式可行為止。

活動本位課程流程表

　　採活動本位原則設計的活動（如下表），可用一個禮拜或更多禮拜，活動展示了如何將評估的資料轉換成功能性的活動和策略。亦可加入更多的活動或目標，這些活動主要是用來顯示計畫的過程，從表上可看到，幾乎每個活動都可達到多種發展領域的目標。重點是：在設計活動時，要記住每個孩子的需要；在教特殊孩子時，並不需要完全不同的活動，他們需要的是活動的修改，以提昇他們的能力，改進他們的弱點。

「認識水果」活動本位課程表

活　　動	個案的目標	強調的發展領域
1.品嚐水果	—認識水果（如蘋果）的顏色、形狀、名稱 —用 2～3 個字表達 —削皮 —切水果	語言—句子長度、字彙，主 　　　動表達 認知—分類、大小 社會—分享、輪流
2.閱讀相關 的故事書	—傾聽 —指認圖片	語言—注意力及理解 認知—概念學習
3.買賣遊戲	—數錢幣 —錢幣概念	認知—解決問題 社會—引發互動、輪流
4.做果醬	—攪拌	精細—使用雙手 語言—發問 認知—空間
5.品嚐果醬	—洗手 —塗在麵包上	認知—一對一對應

㈣讓活動同時符合普通及特殊幼兒所需

　　融合班中有普通及特殊幼兒，因而教學活動必須同時滿足兩方面兒童所需。方法為：將特殊幼兒的目標伺機插入活動流程中，並標示出來。例子如下，共列有兩組不同的活動：

　　1.主題：數一數

　　　　材料：①布丁盒

　　　　　　　②接龍小方塊

　　　　　　　③糖果

　　　　　　　④數字牌 1 ～10

教學程序：

A.教師顯現數字牌，幼兒唱數 1～10。

B.利用數字牌依序排列成上下兩排，如：① ③ ⑤ ⑦ ⑨
　　　　　　　　　　　　　　　　　　　　　② ④ ⑥ ⑧ ⑩

C.接著運用接龍小方塊於數字牌下，排列相等數量的方塊數目，
　如：

D.請幼兒逐一排列相同的數量，並注意左排 1、3、5、7、9→均有
　多出一顆（奇數），右排 2、4、6、8、10→兩兩成雙（偶數），
　帶入奇、偶數的概念。

E.教師再請幼兒玩抓取糖果遊戲。

F.將糖果置於布丁盒中，請幼兒同上面排列方式，數一數抓到的糖
　果數目為奇數或偶數？

G.收拾整理，分享活動。

教學目標：

A.能唱數 1～10。

B.能依序排數字牌 1～10。

C.能參與活動。（特）

D.能依指令放相等數量的小方塊。

E.能說出（指出）那些數目下有多一顆。

F.能說出那些數量是兩兩成雙（手牽手）。

G.能說出奇數有那些。

H.能說出偶數有那些。

I.能從一堆糖果中，抓幾顆糖果放在布丁盒。（特）

J.能數出布丁盒中糖果的數量。

K.能剝糖果紙。（特）

L.能說出布丁盒中糖果是奇數或偶數？

M.能幫忙收拾整理。

備註：（特）指的是特殊幼兒的目標

涵蓋之領域：認知、語言、社會、精細

2.**主題：**拼圖遊戲

適用年齡：四～六歲

材料：①磁鐵拼圖

②木製拼圖

③塑膠拼圖

④紙製（厚紙板）拼圖

目的：①能認識各種材質的拼圖

②能瞭解拼圖的特性及其所屬的類別

③能由拼圖的部分來完成全部的圖案

④喜歡玩拼圖遊戲

⑤能學習互相分享與彼此協助

活動程序：

①先呈現各式拼圖，問幼生這是什麼？它們可以怎麼玩？

②依不同材質的拼圖片，分發給幼生數片，由幼生親自觸摸探索，

問幼生那是由什麼做成的。

③引導幼生比較與回答自己手上不同材質的拼圖片之相異處何在？

④請幼生將手上拼圖片依不同材質分類，放回不同盤中。

⑤再發給幼生一人一片不同的拼圖，請他們由桌面上一堆拼圖片中，找回自己同組的拼圖片。

⑥請幼生完成自己的那組拼圖。

⑦請幼生說明自己完成的拼圖內容及如何完成。

⑧引導幼生完成拼圖時可與其他人分享，並交換彼此的拼圖玩。

⑨引導幼生在拼圖遇到困難時可請其他幼生協助，並讚美能協助別人拼圖的幼生。

目標：①能說出拼圖的材質。

　　　　②能依拼圖材質分類。

　　　　③能找到同組的拼圖片。

　　　　④能完成糖果圖至少二組。

　　　　⑤能說明自己完成的拼圖圖案內容。

　　　　⑥能互相分享彼此完成的拼圖。（特）

　　　　⑦能彼此協助完成拼圖遊戲。

　　　　⑧能與人交換拼圖玩。

注意事項：

①比較拼圖材質時，應適時提示喚起舊經驗。

②找回同組拼圖片時，應依不同能力給予難易不同的拼圖片，並適時提示幼生可依材質或圖案形式與顏色找到答案，較有成就感。

③應輔導幼生能在遊戲中彼此欣賞與協助，多給予讚美與肯定，讓幼生能自行解決問題。

　　綜合以上所述，活動式教學不但可融入不同領域、不同難度，更可將特殊幼兒及普通幼兒的需求融入活動中，因而任何採活動式教學方式設計的活動，都是最符合因材施教原則的活動，也是融合班最常採用的教學方式。

參考資料

Bricker. D. E. Cripe, J.J.W.(1992). *An activity-based approach to early intervention.* Paul. H. Brookes Publishing Co.

Cook, R. E., & Tessier, A. (1992). *Adapting early childhood curricula for children with special needs.* Macmillan Publishing Company.

Linder, T. W.(1990). *Transdisciplinary play-based assessment:An functional approach to working with young children.* Paul. H. Brookes Publishing Co.

Odom, S. L.(1988). *The integated preschool curriculum.* University of Washington Press.

Schaefer, C. E. (1983). *Handbook of play therapy.* A Wiley-Interscience Publication.

Wolfe, B. L. & Prtty, V. G.(1990). *Special training for special needs.* Allyn and Bacon.

永然法律事務所聲明啟事

　　本法律事務所受心理出版社之委任爲常年法律顧問，就其所出版之系列著作物，代表聲明均係受合法權益之保障，他人若未經該出版社之同意，逕以不法行爲侵害著作權者，本所當依法追究，俾維護其權益，特此聲明。

永然法律事務所

李永然律師

障礙教育 5

學前融合班教學策略篇

作　　　者：吳淑美

執行主編：張毓如

總　編　輯：吳道愉

發　行　人：邱維城

出　版　者：心理出版社股份有限公司

社　　　址：台北市和平東路二段 163 號 4 樓

總　　　機：(02) 27069505

傳　　　眞：(02) 23254014

郵　　　撥：19293172

　Email　：psychoco@ms15.hinet.net

駐美代表：Lisa Wu

　Tel　　：973 546-5845　　　　Fax：973 546-7651

法律顧問：李永然

登　記　證：局版北市業字第 1372 號

印　刷　者：翔勝印刷有限公司

初版一刷：1998 年 10 月

初版二刷：2000 年 3 月

定價：新台幣 180 元

ISBN 957-702-287-1

國家圖書館出版品預行編目資料

學前融合班教學策略篇 / 吳淑美著.
--初版. --臺北市：心理，1998 [民 87]
面； 公分. -- (特殊教育；37)
參考書目：面
ISBN 957-702-287-1 (平裝)

1.特殊教育 2.學前教育

529.6   87013178

讀者意見回函卡

No._____ 　　　　　　　填寫日期： 年　月　日

感謝您購買本公司出版品。為提升我們的服務品質，請惠填以下資料寄回本社【或傳真(02)2325-4014】提供我們出書、修訂及辦活動之參考。您將不定期收到本公司最新出版及活動訊息。謝謝您！

姓名：_____　性別：1□男 2□女

職業:1□教師 2□學生 3□上班族 4□家庭主婦5□自由業6□其他_____

學歷:1□博士 2□碩士 3□大學 4□專科5□高中 6□國中 7□國中以下

服務單位：_____　部門：_____職稱：_____

服務地址：_____電話：_____傳真：_____

住家地址：_____電話：_____傳真：_____

電子郵件地址：_____

書名：_____

一、您認為本書的優點：（可複選）

　　❶□內容 ❷□文筆 ❸□校對❹□編排❺□封面 ❻□其他_____

二、您認為本書需再加強的地方：（可複選）

　　❶□內容 ❷□文筆 ❸□校對❹□編排 ❺□封面 ❻□其他_____

三、您購買本書的消息來源：（請單選）

　　❶□本公司 ❷□逛書局⇨_____書局 ❸□老師或親友介紹

　　❹□書展⇨____書展 ❺□心理心雜誌 ❻□書評 ❼□其他_____

四、您希望我們舉辦何種活動：（可複選）

　　❶□作者演講❷□研習會❸□研討會❹□書展❺□其他_____

五、您購買本書的原因：（可複選）

　　❶□對主題感興趣 ❷□上課教材⇨課程名稱_____

　　❸□舉辦活動 ❹□其他_____　　　（請翻頁繼續）

廣　告　回　信

台灣北區郵政管理局登記證
北 台 字 第 8133 號
（免貼郵票）

 心理出版社 股份有限公司

台北市 106 和平東路二段 163 號 4 樓

TEL:(02)2706-9505
FAX:(02)2325-4014
EMAIL:psychoco@ms15.hinet.net

沿線對折訂好後寄回

六、您希望我們多出版何種類型的書籍
　　❶□心理❷□輔導❸□教育❹□社工❺□測驗❻□其他

七、如果您是老師，是否有撰寫教科書的計劃：□有□無
　　書名/課程：＿＿＿＿＿＿＿＿＿＿＿＿＿＿＿＿＿＿＿＿＿

八、您教授/修習的課程：

上學期：＿＿＿＿＿＿＿＿＿＿＿＿＿＿＿＿＿＿＿＿＿

下學期：＿＿＿＿＿＿＿＿＿＿＿＿＿＿＿＿＿＿＿＿＿

進修班：＿＿＿＿＿＿＿＿＿＿＿＿＿＿＿＿＿＿＿＿＿

暑　假：＿＿＿＿＿＿＿＿＿＿＿＿＿＿＿＿＿＿＿＿＿

寒　假：＿＿＿＿＿＿＿＿＿＿＿＿＿＿＿＿＿＿＿＿＿

學分班：＿＿＿＿＿＿＿＿＿＿＿＿＿＿＿＿＿＿＿＿＿

九、您的其他意見

＿＿＿＿＿＿＿＿＿＿＿＿＿＿＿＿＿＿＿＿＿＿＿＿＿

謝謝您的指教！　　　　　　　　　　　　　　63005